Seeker

Seeker

# 當媽媽不必完美

## 不一樣的德式教養練習

德國夢想國

皮爾斯夫人（林家羽）／著

當媽媽不必完美

夢想德國

Seeker.8

作　　者　皮爾斯夫人（林家羽）
攝　　影　皮爾斯夫人（林家羽）
特約美編　李緹瀅
特約編輯　洪禎璐
主　　編　高煜婷
總 編 輯　林許文二

出　　版　柿子文化事業有限公司
地　　址　11677臺北市羅斯福路五段158號2樓
業務專線　（02）89314903#15
讀者專線　（02）89314903#9
傳　　真　（02）29319207
郵撥帳號　19822651柿子文化事業有限公司
投稿信箱　editor@persimmonbooks.com.tw
服務信箱　service@persimmonbooks.com.tw

業務行政　鄭淑娟、唐家予

初版一刷　2017年05月
定　　價　新臺幣399元
I S B N　978-986-94312-4-8



～柿子在秋天火紅 文化在書中成熟～

國家圖書館出版品預行編目(CIP)資料

當媽媽不必完美・不一樣的德式教養練習：德國觸動臺灣人的育兒智慧，讓媽媽與孩子靈魂相約的慢養甘苦談！／林家羽著.--初版.--臺北市：柿子文化，2017.05
面；　公分. --（Seeker；8）
ISBN 978-986-94312-4-8（平裝）

1.親職教育

528.2　　106004225

佳評如潮

# 「哇！」的人生和勇氣

張慧心／人間福報藝文中心主任

家羽和我曾是報社的同事，但分屬不同部門，偶然的合作機緣，讓我們成了比家人更親近的姊妹。

從第一次見面到現在，家羽總是不斷讓我發出「哇！」的讚歎。為了一圓走上傳播之路的夢想，非新聞或傳播科系出身的她，只憑著一股年輕的熱血和積極樂觀的精神來面對所有挑戰，硬是讓她推開當時自視甚高、非常封閉的媒體圈高牆，分別在電視、廣播、報章雜誌上交出不錯的成績，這在當年是極為罕見的情況。

正當大家都羨慕著家羽的工作時，她與我聊到想當背包客到世界各地旅行的念頭。一九九九年時，臺灣的自助旅行還未形成風潮，打工渡假、打工換宿等管道也都付之闕如，況且她當時也跟同時代許多年輕人一樣──英文菜菜、體力一般，口袋又沒有雄厚的家庭背景來撐腰。然而，這些客觀條件的不足，似乎都無法阻擋她的一心嚮往，她義無反顧地辭去工作，獨自揹起重達二、三十公斤的行囊就出發去遠方了。

在一趟趟（幾乎每一趟）旅途中，她一個人面對許多天災或人禍，例如：在土石崩裂的尼泊爾大山中命運叵測，深入二〇〇二年自殺炸彈侵襲不斷的以色列，途中阮囊羞澀，不得不將過去所學的十八般武藝全部用上以賺取旅費，還有走到哪裡都無法避免的別有居心之徒……，聽聞這些種種，除了讓我「哇！」之外，也常替她捏一把冷汗。

問家羽：「當下害怕嗎？」得到的答案是肯定的，而且常常是很怕很怕，腦海中甚至浮現過「這一趟可能回不了家了！」的念頭，但她的熱情、冒險精神，以及飽滿的正向能量，讓她遇到難關時都能臨危不亂地學習應對，甚至從中遇見一些影響她生命的貴人，結下許多善緣，為自己開展了不同於在臺灣安逸度日的另一扇窗。

每次家羽返回臺灣時，總會如實告訴我發生了哪些事，跟我分享旅途中各種喜怒哀樂。看著她炯炯有神、興致高昂地訴說著下一趟旅程計劃將如何如何時，我也總是替她感到無比開心。我常說，家羽替我（及同輩很多人）圓了此生不可能實現的流浪夢，聽她分享這些故事，就好像我也跟著她一同去旅行了。

就在我猜想家羽大概會暫時從轉動不停的旅程中安定下來，在旅遊雜誌記者的工作上專心奮鬥時，她又再度丟給我一個「哇！」——這一回，她要和德國男友皮爾斯先生結婚了！當大家尚在吃驚之際，家羽又同樣以迅速、義無反顧的勇氣進入另一個新國度，選擇走入家庭生活，除了學習角色的變換，更學習著如何融入日耳曼民族的異國文化。

從旅行各國高潮迭起的單身日子，回歸樸實無華的婚姻生活，說來容易實則不易。住在德國的這八年，家羽秉持一貫「人生夢想一定要實踐才不會後悔、想清楚了就馬上付諸行動」的精神，睜大眼睛仔細觀察德國文化中的優點和盲點。不只在婚姻、生活中學習，兒子恩典出生後當然要扮演媽媽的角色……，比起十八年前我初識的家羽，如今的她多了份沉靜、安穩，其精準犀利的觀察中多了些寬容，自我心靈更因為家庭學習旅程而踏實篤定，對生命也有更多的感恩和反芻思考。

繼上一本《夢想德國》之後，現在的家羽已能客觀地說出德國值得讚譽的地方，以及日耳曼精神中嚴謹過頭的面向，從文字中傳達她「中學為體，西學為用」的智慧，德國當然有很多優點，特別是在面對全人教育和自然環境的態度上，但臺灣人的處世哲學及待人之道也同樣深具智慧。家羽以兼具東西方的視角寫就這本書，也融合多年累積的身心靈智慧來教養孩子，或許如家羽所說的：「這一本書，很難被定位為一般的親子教養書（因為我很難成為專家）。」但這卻是一本從細微處觀察「德國為什麼強盛？德國小孩為什麼充滿自信？」的客觀書寫，其中深藏許多值得參考借鏡之處，也有很多家羽透過育兒歷程，對自身覺醒後的生命反省與沉思。

身為老大姊的我，極其開心她一路走來愈走愈穩、力量愈來愈壯大，看著她在遠方成就一個溫暖的家，並且發光發亮，我很為她開心，也對自己有幸一路陪伴著她成長而深感驕傲！衷心祝福家羽的書在華人世界發光發亮，也期待她繼續從遠方與我們分享德國的人、情、事。

# 天真勇敢的夢想家

徐輔軍／《犀利人妻》導演

十八年前我還擔任《點燈》節目的總策劃，有一回在找節目企劃時，家羽來面試，聽著她熱情十足地跟我聊到自己為何想要當《點燈》節目企劃的想法，我深深被她的熱情感染，直接對她說：「明天就可以來上班了，我面談了將近三十個人，沒有一個像妳這麼清楚自己要什麼的。」那是我第一個記憶中的家羽，就這樣，我們從成為同事，直到彼此都離開了《點燈》節目，仍一直在生命不同階段保持著聯繫。

離開媒體工作後的家羽，曾經有好幾年在自助旅行，那些年，她總會突然消失，離開臺灣好幾個月，等到旅費全花光，再回到臺灣工作幾個月，再消失幾個月去流浪。當時我曾有個預感：有一天，她一定會在某個異鄉落地生根，不再一直流浪下去。沒想到那預感成真了，八年前她嫁到德國去，開啟另一個跟自由旅行截然不同的階段。

二〇一五年，我帶著老婆和兩個孩子去德國拜訪她。其中有一天，我們跟著家羽一家人去森林裡健行，當時有一個畫面至今仍令我印象深刻：家羽的大背包裡裝滿了給恩典的點心、玩具和換洗衣服，在森林中的小憩時光裡，她將包包裡的東西拿出來給恩典吃。看著那個大背包，我突然想起那個愛自由旅行的家羽，以前大背包裡裝滿了探索世界的夢想與熱情，然而有了恩典之後，那個大背包的內容物變了——放的是一個媽媽要給孩子的溫暖與愛。

短暫的德國之旅讓我有種感觸：看家羽在異鄉生活所付出的用心與努力，聽她聊德國、讀她寫的德國書，我總有一種錯覺，怎麼她比德國人更瞭解德國？我不時會有一些觸動，異鄉人要在德國生存下去也許並不太難，但如何在異鄉活得快樂、活得有自己的價值，卻相當不容易……。

身為家羽十八年的老友，我總喜歡笑弄她的天真與白目，簡直就是天兵一個，而且十八年來都沒變，跟以前一樣擁有年輕時的天真與傻氣，但我心裡很明白，如今已頗為適應異鄉生活的她，也曾碰過重重的挑戰和艱難。有趣的是，她的天真與對生命堅定無比的信任，彷彿就是個保護罩，總可以讓她在峰迴路轉之後，一步步活出自己的平安與快樂。老實說，我真的羨慕她能得天獨厚擁有這樣的特異功夫——仔細思索自己與周遭大部分人的生活，很少人能像她那樣活得如此無懼，不顧世俗地勇敢追隨自己內心的聲音而活。

從一般的社會價值來看，她確實是一個叛逆的靈魂，但我慢慢感覺到，這樣的叛逆其實是好的，因為她選擇真實面對自我、選擇真實的活著，不是活在他人與社會眼光下的價值；或許，就是因為她的這份真，讓她的文字更能打動人。這些日子，為了要幫她寫推薦序，我重新再細讀一次她的第一本書《夢想德國》，並過目這本新書書稿。真的很難不被她感染！怎麼她寫的東西，讓我彷彿看見他們家的陽臺有精靈在飛？怎麼好像他們一家三口走過的森林裡全住著天使？

我對新書中她與恩典之間的親子生活很感動。她在自序裡寫到：「在『慢』下生命的步伐裡，我開始深深被無止境的愛環抱著，而恩典一點一滴的小小成長足跡，都如同神賜給我的一段段愛的粉紅絲緞，優雅美妙地穿織在我們的互動中。還記得他五歲時學會騎單車的那個夏天，我開始帶著他挑戰八公里的路程，好幾回他跌了又爬起，邊哭邊騎，或是邊騎邊大笑……，我從旁看著，突然覺得很感恩這些慢慢陪他長大的日子，我是多麼享受著他天真又狂野的模樣啊！然後，就在我們快抵達終點的遊戲廣場時，他突然很開心地看著我的臉說：『媽媽，我好愛妳，謝謝妳今天帶我來騎這麼長的路，而我真的做到了，我好開心啊！』」讀著這一段文字，我似乎感覺到家羽內心的小孩重新又過了一次童年，與恩典一塊兒快樂吶喊著、歌唱著。

然而，讀到本書最後的一大區塊「醒來」時，老實說，讀著讀著，我心裡並不是很舒服，因為我自己與大部分人都不敢去面對的內在黑暗風暴，被她如實分享了出來，我彷彿被這些文字拉住，被逼得不得不去看看自我的內心世界……。不過，在讀到那一段家羽爸爸將錢交給皮爾斯先生，要他好好替他照顧女兒時，我深深感覺到，這些生命裡的點滴風景，是溫暖，也是深刻的文字療癒。

家羽不是不曉得人間疾苦與黑暗面，但我很開心她一直都沒變，她還是那個懷抱著熱情不斷在挖掘「點燈」小人物故事的家羽，她是那個在黑暗裡一眼就能看見陽光笑臉的人；她是活在世間，但無比相信著落腳在人間也可以活出如天堂般的平安快樂。她對我說：「我相信整個宇宙都會來幫我們，好啦！繼續讓我天真勇敢下去，你看，我這不是愈活愈好、愈活愈快樂嗎？」人每增加一份生命歷練，往往會離天真愈來愈遠——生命歷練與天真、智慧增長與保有赤子之心，有時真是人世間裡最矛盾的弔詭了，它實在太難同時兼得！然而，這一切似乎在家羽身上打破了規則。

# 透過孩子的眼睛看見自己

陳嘉珍／財團法人新時代賽斯教育基金會執行長，著有冥想有聲書《啟動內在感官的十二堂課》、《與超靈有約》

傳統的父母只會透過自己的眼睛來界定孩子的位置，但懂得學習靈性成長的父母，卻會明白如何透過孩子的眼睛看見自己、看見親子之間的靈魂約定。

剛拿到家羽的新書稿時，我先大致翻閱了一下，以為是教養孩子的心得記錄，任何一個有心的母親多半都會做這件事，用心跟著孩子一起成長，記錄孩子學習過程的點滴。可是，寫序的時候到了，陸續再接到家羽自我探索的補篇，我才知道自己為什麼會想幫一位素未謀面、遠住德國的有心母親來寫序，算是心有靈犀。

從賽斯教育基金會成立至今將屆九年的時光中，我用心地推廣心靈教育，我認為所謂的心靈教育就是：「在心靈的世界無分年紀，每個生命都是平等且獨特。因著學習與經驗人生的目的，精心設計及挑選不同角色和親密關係者（特別是與父母之間），然後一起在這一場的人生舞臺上，成為彼此的心靈指導員。」

在這樣的觀念基礎下，會發展出非常不同於傳統的親子關係，家羽就是用這樣的觀點來陪伴兒子的成長。才六歲的恩典，就可以在不開心的時候，掛著類似閒人勿入的牌子在門上，父母也必須尊重他而不能強行進入——這在傳統的親子關係中根本不可能，父母不但闖入，也會因著擔心或權威而表示「我是父母，我有權左右你的行動」，並主觀詮釋孩子的心情，甚少將一個年幼的孩子看成獨立個體並尊重他。

然而，心靈教育首在尊重，尊重每一個人的生命獨特性，即便是年幼的孩子，也不是一張白紙，而是帶著靈魂豐富經歷的印記來到世界。於是，親子之間將形成的關係，不是上對下，不是成熟對幼稚，而是在肉身關係中的陪伴及引導，用愛與支持誘發出潛藏在孩子靈魂中的能力，特別是個體的獨特性。

這一點，從小傢伙恩典四、五歲時與許多人的問答即可見一斑，他會對著一位正在吸菸的中年人說：「你難道不知道吸菸對身體很不健康嗎？」結果，中年人立即將菸丟在地上並踩熄菸火。這時，恩典立即追著說：「菸蒂不可以隨便亂丟，快拿去垃圾桶，不要製造環境垃圾。」他也對還在吸菸的鄰居老太太說：「不吸菸，人生還有許多事可以做耶！妳可以跟我媽媽一樣去跑步，和小朋友玩，去畫畫、去唱歌跳舞。」恩典這小男孩竟然還接著說：「不要讓妳軟弱的魔鬼掌握妳，要讓妳天使那一面的力量出來啊！」這真令我不禁莞薾，也讓我勾起自己在帶孩子時的回憶，真的是每一個孩子都能展現令人嘖嘖稱奇的生命奇蹟。

但願，每個孩子都不再被要求成為有用的人，而是支持他們成為快樂的人。

但願，每個父母都不再自我要求成為龍鳳的父母，而是有能力和孩子一起學習成長，一起成為快樂的人。而家羽就是追求心靈成長的認真母親，所以在照養孩子的過程中，隨處可見她的反省與自覺，這是家羽最難能可貴的地方，也是此書非常值得細讀之處。

新時代大師賽斯說過：「你生下來就有愛心，你生下來就有慈悲心，你生下來就對自己和你的世界感到好奇，那些屬性也屬於自然律。你生下來就知道你擁有一個獨特而切身的存在感，它尋求自己的圓滿和他人的圓滿。每個生命都是如此美麗而莊嚴；仔細凝視孩子的眼睛，你將會找到生命所有的答案。」

# 生活禪媽媽是孩子的恩典

張世傑／正念覺察老師，二〇一二年至今進行推廣
Mindfulness心靈教改運動，著有《全班都零分》

原本我對德國仍存在著希特勒和世足賽強權的印象，但家羽這位住在德國的臺灣媳婦讓我大大顛覆了對德國的想法，原來德國的文化是如此愛護生命、惜福環保、尊重生命、適性教育和純樸自然，不像我刻板印象中的霸氣。書中也可以感受到在臺灣這麼優秀的廣播主持人和記者，嫁到德國後要重新適應的內心衝突，幸好她用慢活的正念覺察和自然療法克服了這個文化差異，而且從與鬼靈精怪又創意十足的小孩——恩典——的相處中，深刻的領悟和學習，每一篇生活小故事都如此真誠與鮮活，讓人愛不釋手想一口氣看完。

德國教養學齡前小孩的做法真的很值得臺灣學習，盡情讓孩子去畫畫、去跳舞、去唱歌、去運動，讓孩子們擁有一個兼具身心發展與健康快樂的童年，書中所提的趣味桌遊、森林創意園遊會、活潑的音樂課、睡前點一盞燈、舊物市集、運動教育、愛護生命，以及德式的自信教育等等，讓我開了不少眼界，原來德國在全世界舞臺能表現得如此亮眼就是這樣教出來的，這也許是太重視智性比較的臺灣教育要好好借鏡的——他們默默的實踐了適性教育，讓每一個小孩可以發光發熱。

一般的教育書籍大多偏向觀念及方法的教導，少了身心靈的深度探討，另一種則是用了不少靈性術語，讀來艱澀難懂，但家羽則是用心踏實的活在當下，再將心靈的領悟深入淺出地道來。

書裡讀到小淘氣恩典比較頑皮不乖順，但是貼心又有靈性，正是家羽小時候的翻版，

誠如她所言，起初不太習慣小孩那麼頑皮，但是養育小孩會讓人有機會重新與自己的內在小孩相遇，有機會再療癒自己一次，從家羽和恩典母子倆種種有趣的互動小故事中，會讓人很想看看恩典這個小淘氣的本尊到底是如何的聰明可愛？還有小恩典安慰媽媽的溫馨畫面、揮拳打人後道歉的可愛模樣……。

家羽用接納不完美的態度反觀自己、卸下凡事都要很正常堅強的假面具，不偽裝的做自己，讓自己適當的休息，每每都能轉逆境為逆增上緣。她不從經典去學習，而是以生活為師，以「恩典」為教材，以自我覺察開啟智慧，儼然是生活中的禪師，也讓人不知不覺感染了她教養孩子的慢活與樂活哲學，這也是本書的一大特色，相當值得讀者們細細品味這一本難得的好書。

你的小孩是否也有一點調皮好動？也許你的心靈成長就是邀請你從這裡開始，而不是從其他心靈成長的場域。別辜負了小孩給我們的功課，不要急著改變他們，試著從自我認識開始，如果真誠的覺察並探索自己，你也許會和家羽一樣走出異國生活的困境，和小孩一起快樂的演戲、耍寶、爬樹、遊戲，享受生活的種種樂趣，從各種生活小事件中慢慢瞭解自己、轉化自己、不知不覺地重新愛上自己。

皮爾斯夫人自序

# 一隻快樂慢活的烏龜媽

八年前剛入住德國，一次到銀行開戶的經驗，為我打開了德式慢調生活的第一章節。還記得，當時有兩位客戶排在我前面，我沒有工作在身，其實並不趕，但看著行員慢吞吞地跟客戶一來一往聊起天的光景，讓剛離開臺灣那種快、急、繁重壓力生活慣性的我，內心竟有一把無名火在狂燒——從意識到自己當下反應的那一刻起，我有一個預感，上天將我遣送到這片新疆界後的生命學堂，應該會完全顛覆我過去認同的生活價值。

後來要生兒子時，再度讓我面臨到快與慢的掙扎戰，在醫院經歷五天的陣痛，最後醫師才決定要讓我剖腹生產，不然對孩子有危險；緊接著，我正式邁入母親的行列……。雖然生活在德國，卻始終隱約有個過去在臺灣生活的舊我緊跟在屁股後，雙面膠般的超級黏人，無法說撕掉就撕掉。

這種內在與外在的快慢分裂感，其實一直都在，然而，透過歲月的點滴穿鑿滲透和孩子的誕生，生命親自為我揭開了一頁頁新的里程。是的，在許多焦慮慌亂的情緒流裡，我真的感受到，自一個小生命誕生來到身邊的那一刻起，我無法再回到過往了。養育一個生命，無法急、無法被規劃與設計好、無法再用任何評量權謀去看待，日復一日的育兒生活，一天又一天陪著小小嬰兒長成到現在滿六歲的頑皮酷模樣，這兩千一百九十多個日子，孩子用他生命的溫度與振動翻轉我，我從一隻熱血衝動、慌急快跑的兔子媽媽，慢慢被調教成一隻慢養、慢活的烏龜媽媽了。

回想八年的德國異鄉生活、六年陪伴孩子的親子生活點滴，我們一家三口最熱衷的森林野趣休閒生活、我們和兒子一起手作探索創意之樂、德國幼兒教育充分給予孩子自由空間與時間的成長環境、大部分德國父母願意尊重孩子的教養價值、有幸擁有許多跟我一般熱衷於慢養孩子的溫暖朋友群……，這些元素都是我生命裡的新靈糧，那養分淬鍊我、提升著我——上天確實是引領著我，邀請我開始用另一種速度來體會生命的風景。

在「慢」下生命的步伐裡，我開始深深被無止境的愛環抱著，而恩典一點一滴的小小成長足跡，都如同神賜給我的一段段愛的粉紅絲緞，優雅美妙地穿織在我們的互動中。還記得他五歲時學會騎單車的那個夏天，我開始帶著他挑戰八公里的路程，好幾回他跌了又爬起，邊哭邊騎，或是邊騎邊大笑……，我從旁看著，突然覺得很感恩這些慢慢陪他長大的日子，我是多麼享受著他天真又狂野的模樣啊！然後，就在我們快抵達終點的遊戲廣場時，他突然很開心地看著我的臉說：「媽媽，我好愛妳，謝謝妳今天帶我來騎這麼長的路，而我真的做到了，我好開心啊！」

當「慢活」進入我們一家最喜愛的森林樂活時光，我從德國森林中窺見了教養孩子的自然律動，森林裡四季的氣候變化，溫度、氣味、光線與樹林……。進入冬天的森林，樹兒們也冬隱了，老樹凋零得快，一一橫躺在地，沒有人去移動它的驅體，因為死亡就是另一回的新生，那老樹又變成昆蟲們寄生的小旅館。我愛靜靜看著森林裡的每一棵樹，它們長得如此不同，但當我站在一個高處點向它們望去，卻又感受到某種和諧的共榮，這樣的森林自然律動，或許也應該是我們的教育可以送給孩子最棒的祝福吧！

可不可以讓每個孩子都能成為那個真正快樂學習的自己？可不可以讓每個孩子像一棵樹般活得篤定瀟灑，在無法獲得學習效果時，能被允許擁有如冬日森林的留白、沉澱、退隱時光？可不可以不要再要求每個孩子都必須長得一樣，真正放手讓他們長出自己的獨特美麗？可不可以讓孩子像一棵自然簡單的樹，歡喜地吸收著陽光、空氣、雨水那樣純淨之心的愛？願所有身為大人的我們都可以回歸那份純粹的愛，去滋養、去護守我們的孩子，讓他們真正活出生命裡的真、善、美。

「慢」，不是字面上的「慢」，也代表著一種更大的願力，願意將自己的層層框架一一放下，真心回轉向內心旅程的抽絲剝繭。因為允許自己慢著點去解套生命難題，所以心理與身體才多出更多純淨的空間，因此，時間好像變成我的靈魂知己，溫柔地等候我、陪伴我、與我同行，重返童年尚未處理好的故事與痛楚，療癒，釋放。

「慢」教會我什麼是真實的親子關係，那裡有深刻的、對教育的生命禮讚之歌，說著、唱著；慢下速度進入親子關係，才有可能找到與孩子們之間共同的語言；那是一種心與心的語言、心與心的共振，那才是教育愛的本質。當這一把鑰匙打開了，才有可能順應每個不同資質的孩子，引領他們發揮最適切的生命獨特性與光彩。

這一把鑰匙被開啟後，我們才會發現：原來愛已足夠，當我們信任孩子，便是送給了孩子一雙可以自信高飛的翅膀；原來愛已足夠，當我們真心接納孩子，孩子將會如天降的魔法師，為我們展現出他靈魂藍圖裡帶來地球的無限潛能；原來愛已足夠，當身為大人的我們活出天真與幽默時，孩子們就會記起自己的生命除了是父母所給予的，同時也來自神性源頭，他們絕對值得擁有一個快樂且創意十足的動力人生。

「慢」是我的生命導師，因著祂，我發現了宇宙的奧祕與神祕。我從渾沌的大夢裡醒過來後，發現生命的氣味與溫度變了，我感受到在「慢」的速度裡，我的心和步伐是清晰與堅定的，「慢」裡的心頻，是靜定的芬芳，置身在那個心頻裡，我的生活與親子關係都自就其位，萬事輕輕鬆鬆地互相效應著。

「慢」的風景不會有兔子急著要抵達的目標，卻讓我觸及到一種前所未有的深度平安喜悅感，在那樣的湖光裡，我得以憶起純淨的自己，我知道自己是來享受生命的，不是為了累積戰績而誕生……，此時此刻，我不再是八年前那隻初踏進德國疆土，被快、急與慌亂追趕著跑的焦慮兔子，我為自己這八年來慢慢蛻變成一隻快樂的慢活烏龜媽媽，感到無比驕傲與歡欣。

佳評如潮



皮爾斯夫人自序



Part1

## 教孩子成為一個人，比什麼都重要

Contents

## Part2

## 孩子的花園——不教算術、寫字的幼稚園

## Part3

## 玩在起跑點，練出個人軟實力

## Part4

## 孩子，其實是爸媽的靈性夥伴

# Contents

## 結語

## 後記 醒來

Contents

# Part1

# 教孩子成為一個人，比什麼都重要

- 自信是爸媽送給孩子最棒的禮物
- 念書前先學會過生活
- 孩子間的拳頭之戰
- 可不可以不當乖小孩？
- 別把放養當放羊，「放」前先得「養」
- 尊重他人，是教養的開始
- 愛動物如愛己，從小做起
- 「懂生活」是自我價值的展現
- 跨越性別的執著，男孩也可以玩芭比
- 從阿公阿嬤不帶孫，看德國人對孩子的尊重

# 自信是爸媽送給孩子最棒的禮物

德國孩子怎麼可以那麼有自信、那麼愛在課堂裡發問？或許是受到二次大戰希特勒思想威權的大屠殺歷史教訓，德國人自此更有意識地允許自由意志的表達，並直接影響了這一代德國人教育孩子的態度。

剛嫁到德國，還沒當媽之前，有一次，我在遊戲廣場碰到一群年紀約五、六歲左右的孩子。我坐在木條椅上，一邊享受著夏日陽光，一邊閱讀我喜愛的書，偶爾抬眼望望正一塊兒玩得盡興的孩子們。過了一下子，兩個小女生來到我身旁坐下，好奇地問起我來自哪裡、為什麼來到德國……。

我耐心地一一回答，過程中也好奇起她們倆住哪兒、在哪一所學校念書，小女孩非常熱情地跟我分享起她們的家，連家裡的花園最近在裝修、爸媽的工作祕辛、平常最喜歡及最不喜歡的遊戲等等，都一一「曝光」在我面前！

就是這樣短短三十分鐘，讓我忍不住開始深思：「為什麼還在上幼稚園的孩子，就可以如此有自信地向不認識的人表達自己的想法與體驗？」幾年後，當我也有了自己的孩子，開始一步步踏上德式教育的學習與體驗之旅，並貼身觀察身邊德國媽媽教育孩子的方式後，才慢慢地明瞭，德國孩子的自信，原來是這樣來的。

| 1 | 2 |
| --- | --- |
| 3 | 4 |

1.父母為孩子定界限，更深一層的品格延伸，是要讓孩子學會負責任的價值。
2.除了念書，德國小孩的體能也均衡發展得很好。
3.德國爸媽不怕孩子受傷，就怕孩子不願意去冒險探索生命的種種可能。
4.孩子們盡情表達自己，在德國是很普遍的現象。

德國人不會因為擔心孩子受傷，就禁止孩子去體驗那些大人眼中「可能」具危險性的活動——我就常常在遊戲廣場看到父母讓一歲多不到兩歲的孩子爬上、爬下。老實說，要我看著那滿溢著好奇心的小小身軀去經歷生命的第一步冒險，光想就忍不住擔心、害怕，不過，當恩典滿一歲半，開始可以好好走路後，我還是硬著頭皮，學習德國媽媽們，讓孩子自由去探索那些被我歸為「危險地帶」的遊戲設施。

孩子的勇氣與能力真的遠遠超乎我所想像，也讓我的恐懼指數不再直往上飆。靜靜地待在孩子看得到我的地方，讓恩典既能懷抱著安全感，又可以自由探索他的「新天地」。此時，退回「觀察者」角色的我才發現到，恩典不到兩歲就可以自行爬上高處，玩溜滑梯、爬繩索橋……。

當然，偶爾真的會發生一些小擦傷與小意外，此時，我的先生與公婆不會表現出慌張，而是用穩定的音調安撫孩子，吹一吹傷口，唱首專門給傷口聽的歌謠，孩子也會在掉一、兩串眼淚後，又像一條調皮的龍逍遙地玩耍去啦！

♥ ♥ ♥ ♥

體驗德式教育對我來說，像是在學習更多的「允許」。允許孩子去體驗這個世界，也允許孩子可能會受傷、可能會跌倒，我們得體認到：孩子們終究需要靠他們親身體驗、自己去碰撞，才有可能長成一棵有自信的大樹。

♥ ♥ ♥ ♥

德國小孩的自信從哪兒來？一個相當關鍵的要素是，孩子從小便被大人們當成一個完整的個體對待著。

父母在飯桌上會問孩子說：「今天在學校發生了哪些事？」「今天一整天好玩

嗎？」當小孩自由表達自己的想法與意見時，父母也總不忘對他說：「你真棒！這麼清楚自己要什麼。」

從小在生活裡建立良好的溝通與對談，也是孩子自信的來源。

德國孩子怎麼可以那麼有自信地表達自我？怎麼會那麼愛在課堂裡發問？這或許是受到二次大戰希特勒思想威權的大屠殺歷史教訓，德國人自此更有意識地允許自由意志的表達，並直接影響了這一代德國人教育孩子的態度。

德國人樂於看到自己的孩子在各方面均衡發展，書是不是念得很優秀，大概不會是父母心中最在乎的部分，孩子們全方位的多元發展才是教養的主軸價值。

德國的孩子們大多都能在體能、音樂或美育上擁有均衡的培養，然而，父母雖重視孩子興趣的養成，卻不會一逕送孩子去才藝學校或補習班，通常是在孩子對某項活動有高度興趣或學習意願時，才會試試在課餘時間送孩子去專門學習。若你問德國孩子會什麼，可能會很驚訝地聽到：有的小時候就開始踢足球、有的上音樂學校、有的愛靜態手工藝、有的會修理家裡壞掉的機器⋯⋯。

德國父母雖然給孩子很大的自我發展空間，但在為孩子生活處事劃界線這方面，更是值得我們學習的地方。

印象最深刻的是，當恩典快兩歲時，開始會在家中的每個角落探索，卻也會破壞一些東西。有一回，鄰居的老奶奶特別提醒我，

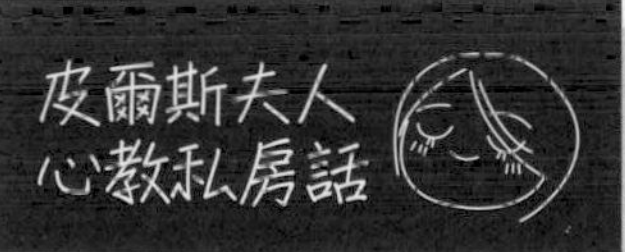


## 父母要先能認識並接納自身，才能引導孩子自信成長

自信的根源，來自我們對生命與自我的認識，完整接納自身的優點與缺點、正面與黑暗面，父母如果對自身的認識與接納度尚未整合，就很有可能會不自覺地要求孩子完成自己無法完成的夢想，或者因為童年的創傷而發展成一味溺愛孩子，藉由成為「萬用父母」來彌補過往的生命缺口！

一個真正有自信的人，除了能堅持自我，充分發揮自己的優點，並在重要時刻做出適合自己的正確決定之外，還要能夠自我反省。因此，自信且健康的親子教養，是帶著覺察地放掉對孩子所有偉大的期望與想像，同時，在該管教孩子時不怕得罪孩子，為孩子劃下清楚的界線，針對錯誤的行為和品格進行即時的引導。能夠兼具這兩方面的教養品質，才可以慢慢培育孩子成為一個健康自信的人。

對於恩典喜歡用手去觸碰電視螢幕這件事，必須從現在就跟他說不行——當然，不行的原因一定要跟孩子解釋清楚——一次講不聽，就一直說到他懂了並且不再去碰電視機為止。

當時我還很苦惱恩典會偷吃家裡的植物、將爸媽書架上的ＣＤ一張張拿出來亂丟等等。為了不讓孩子將家居環境弄亂，我本來還打算移開所有物品，但想到萬一他到別人家「犯了手癮」，不如還是照老奶奶說的那樣，不厭其煩地為孩子設好界限。

重要的是，這個界限需要爸爸、媽媽站在同一陣線——要是夫妻唱不同調，反而會混淆孩子的認知。

♥♥♥

雖然提倡放手讓孩子勇於嘗試各種可能性，但若碰到孩子胡鬧瞎搞時，德國父母的管教可是不來軟的那一套。

♠♠♠

後來，恩典和他的一班好友都來到三歲的叛逆高峰期，這時期的孩子常常沒理由就無理取鬧，當這種「非常狀況」出現，且告誡孩子三次後仍瞎鬧不停時，如果是在外面，德國父母會將孩子帶離現場；如果是在家，他們就可能會請孩子去反省的角落或小房間裡，等自行檢討完畢或情緒平穩後，再回來向父母說對不起。

♥♥♥♥♥

除了小孩學習著在胡鬧後向父母說對不起，相對的，也常常可以聽見父母在自己犯錯後真誠地向孩子道歉——孩子的品格學習就是來自父母，父母以身作則很重要。

♠♠♠♠♠

另外，三歲娃兒的自我意識開始快速成長，小孩們在玩耍中常會為了搶玩具而互不相讓，甚至發生肢體衝突——德國人尊重個體的文化特質也常在這種情況下展現無遺。在場的父母會先瞭解玩具的小主人究竟是誰，接著讓想玩玩具的小孩自己問小主人願不願意出借，如果對方不願意，其他小朋友也需要學習尊重對方的決定。

我帶恩典到朋友家玩時，因為彼此都已經認識，所以大都不會發生搶玩具的情況，但如果正好碰到小主人心情不好，不願意或限制其他小朋友玩他的玩具，小主人的媽媽會先理性地跟他溝通與朋友分享的重要性，但若小主人仍然不願意借，媽媽也會尊重小主人的選擇，等小主人的情緒過後再商量商量。

### ・德式慢養手札

※控制你的憂懼，放手讓孩子自己去「挑戰」！

※用同理心理解孩子的言語、想法和意願，讓他能夠放心表達自己的情緒、需求與權益。

※不要讓自己的期望增加了孩子的負擔，要信任孩子的自我發展——當孩子感受到這份信任，往往能更健康、快樂、自信的自在成長。

※為孩子設定明確且一貫的界限，幫助他適應生活環境中必須遵守的規則，不只是為了不讓孩子的行為和品格出現偏差，還能幫助孩子對外在環境產生一定的安全感，這份安全感也能讓孩子更有自信，畢竟，自信不只是對自己滿意，也包含被周遭人所接納！

# 念書前先學會過生活

那對父子上了電車後投幣買票，但賣票機故障了，怎麼投都沒辦法購票成功，只見小男孩焦急地對爸爸說：「爸爸，這樣不行，沒有買票就搭車等於是坐黑車，這是犯法的。」

一個擁有健康品格並散發自信與自重的孩子，是如何養成的？關於這個問題，我曾問過身旁的家長，以及許多在學校擔任教職的朋友，他們大都不認為這是因為念了什麼明星小學或幼稚園，而是來自父母的用心，願意以身作則，在每一天的家庭生活互動裡為孩子樹立良好的生活常規與典範。

生活中，其實有許多孩子必須要知道的規範。德國孩子約三歲上幼稚園，老師們就開始教導生活常規，例如：玩完玩具後一定要物歸原處。其他還有許多生活小事和細節，例如遵守紅綠燈過馬路、垃圾該如何進行分類、晚上八點過後不要喧譁……，父母以身作則為孩子示範這些規範後，孩子不只會模仿學習，偶爾父母忘了守規矩，他們還會反過來糾正爸媽的錯誤呢！

記得有一回搭電車，看到一對父子上車後投幣買票，但賣票機故障了，怎麼投都沒辦法購票成功，只見那小男孩焦急地對爸爸說：「爸爸，這樣不行，沒有買票就搭車等於是坐黑車，這是犯法的。」後來，那位爸爸很冷靜地帶著兒子去向司機說明無法買票的原因，而小男孩的臉上終於掛上放鬆的笑容。我想，小男孩的潔身自愛，一定是來自父母親平時的教導。

♥♥♥♥

如果父母不主動觀察孩子的成長，只會取巧的將孩子丟給學校管，以為這樣就盡到教養的責任，是不太可能教出自信又健康的孩子。在德式的教養觀點裡，父母的生活教育才是教養孩子品格教育的最基礎工程。

♠♠♠♠

不要小看那些很瑣碎的家務事，對孩子的影響卻是一輩子的。舉例來說，孩子從小看母親為這個家用心煮飯，他的成長記憶就是：媽媽溫暖的飯菜香是家的幸福味道；孩子看著爸爸維修家裡的水電及修理電器，會學到原來凡事都能自己動手做。

♥♥♥

念書前先學會過生活，是一個孩子生命的基本養分，這個養分可以讓孩子更獨立，也更相信自己有能力建立不同層面的發展。

♠♠♠

1.喜歡手作的孩子，讓他們幫忙做糕點是最適合不過的！
2.來幫忙澆花囉！

在孩子念書前，先教會孩子如何過生活，學習自理生活，甚至為家付出自己的心力。在我們家，吃完早餐或晚餐後，我和先生都會要求恩典一起將碗盤收到廚房去；此外，當我吸完地板，有時也會請兒子拖地。老實說，三歲多的小孩不可能將地板拖乾淨，我的用意只是讓他學習為家裡付出。

碰到孩子不喜歡做家務時，可以先從孩子喜歡的事情做起，例如喜歡烹飪的孩子，可以幫媽媽洗菜、切菜及布置餐桌；熱衷園藝的孩子，可以將花園澆水的工作交給他們……。

如今我很開心，已經六歲多的恩典在週末的全家大掃除中，分派任務請他刷洗浴缸時，都會好認真地將浴缸刷得乾乾淨淨。當然，他自己本分內該整理的兒童房，也被他整理得有條有理。恩典其實不是一個喜歡整理房間的孩子，但我和先生就是不放棄地要求他要在玩耍過後整理房間，從一開始的心不甘情不願，到現在整理房間後自豪地邀請爸媽去「見識見識」，這個過程整整有兩年多——當他使性子不願意做時，我們就先陪他一塊兒整理，幾次後他就慢慢進入狀況了，之後我們再慢慢抽離，如今他已經可以獨自擔任自己收拾房間的工作了。

隨著孩子年齡的增長，一點一滴讓孩子為家庭生活付出，是有必要的。當恩典破「惰性的繭」而出時，我們再次確信他是可以突破的，更清楚父母的愛必然有白臉與黑臉，不能害怕得罪孩子，任由孩子予取予求而沒有任何的界限。剛柔並濟的教養，有愛，又兼具智慧，在需要為

## 從週末大掃除開始練習

學齡前小孩的生活能力培養，需要父母與他們一起練習，通常來說，只要有爸媽陪同，孩子就比較有意願加入行列。

要訓練孩子參與家務，可以選擇在週末時帶著孩子一塊兒進行家庭大掃除。在掃除前，爸媽可以將每個人各自的任務、職責分配清楚，讓孩子感受到他也是家中成員之一，體會到自己的參與對這個家庭很重要。

分配給孩子的工作不見得要很多，以孩子可以承擔的範圍就好，也可以讓孩子在完成自己的清掃任務後，擁有一些自由遊戲時間；此外，全家人一起在掃除結束後享受美好的甜點時間也很不錯。

孩子們雜亂的枝頭修剪時，要學會別在下刀時心疼——真正的愛，並不是溺愛，而是該嚴格時嚴格，該鼓勵時給足肯定。

### ・德式慢養手札

- 談教養前要把握一個大原則——以身作則。在孩子模仿性高的階段，特別有助於幫助孩子學習道德上的規範。
- 擁有打理自己生活的能力，是孩子未來生存的基礎——父母不可能永遠在孩子身邊為他做好每一件事。
- 家事是家裡每一份子的事，讓孩子學習分擔家務，其實是讓他們對自己負責——別忘了讓孩子在當中感受到自己的重要性。
- 幼兒的能力要在「慢活」中才能養成，不要過度完美主義或求快。學習家務時，讓小小孩有參與感比結果更重要。
- 當孩子完成家事時，請適時給予肯定和獎勵——但不太建議是金錢等物質上的獎賞。

# 孩子間的拳頭之戰

每一個小男孩裡都住了一個小英雄，免不了會經驗打人和被打的生命過程。

隨著德國春天氣溫暖和，在幼稚園放學後，一票媽媽們總會帶著活潑好動的孩子直接前往遊戲廣場去活動玩耍，我也一樣。就在某一個星期五的遊戲廣場時光後，我和恩典準備要回家時，被一個六歲的男孩制止了。

小男孩向我告狀，說恩典剛剛在遊戲廣場打了他弟弟一下，所以恩典必須先跟他弟弟道歉後才能回家。我知道恩典可能真的有打男孩的弟弟，但為了顧及他的面子，我語氣溫和地問：「恩典，你有打這位哥哥的弟弟嗎？」恩典心虛地點點頭。我接著說：「那我們必須去向小弟弟說對不起哦。」

我們母子倆跟著男孩來到他三歲的弟弟面前，小弟弟正坐在媽媽的大腿上。恩典向對方說對不起，此時六歲的男孩對他媽媽說，剛剛他在遊戲廣場看到恩典打了弟弟，他有跟恩典說那樣不對，但恩典不道歉也不覺得自己不對，所以才找上我這個媽媽。那位媽媽聽完後，態度輕鬆地笑著對恩典說：「沒事，有道歉就好了啊！」六歲男孩就像個小警察維護正義般愛護著三歲弟弟，他也對恩典說：「嗯，你有道歉就可以跟你媽媽回家了！」

我們一離開現場，恩典在回家的路上便急著問我：「媽媽，我剛剛有道歉了，我很棒，對不對？」小小孩的內心其實對於自己的過錯有焦慮，眼睛盯著我，等待我給他善意的回應。

我對他說：「恩典，你剛剛做得很棒，打人是不對，但你願意向對方誠懇道歉，這樣真的很好。媽媽知道你不喜歡你們班上的諾瓦常常打你，那讓你很痛也很生氣，對不對？你常向諾瓦媽媽告狀諾瓦打你，要諾瓦媽媽回家要處罰他，相對的，當你欺負了小弟弟，那位大哥哥當然也會跟你一樣跳腳、要你道歉。」為了讓恩典瞭解傷害他人的嚴重性，我提到他被傷害的經驗，希望他能以同理心來理解打人這件事。

孩子三歲後，很多父母都會面臨到孩子在團體生活裡的大小衝突，可能小到單純為了搶玩具，也可能大到被其他孩子以暴力攻擊——在這個階段，小男孩們正開始學習使用各種力量來展現他們對自我的建構。只不過，如何在這個階段的探索中，引導男孩們將力量導向正向、健康的發展，父母與幼稚園老師都必須要有相當程度的覺察與介入。

面對脾氣衝動的小小孩，更需要大人們的細心瞭解與耐心對談。

♥♥♥♥♥

孩子在被打或打人後的第一個時間點，帶領孩子為他們的錯誤擔起認錯的責任，除了讓孩子知道打人是不對的行為，需要勇於認錯之外，透過引領孩子道歉的行動，也協助孩子釋放了犯錯後的焦慮不安。在此之外，我們還要更深一層去探索孩子的行為背後是否隱藏了沒被瞭解與處理的心理情緒。

♠♠♠♠♠

我們必須瞭解孩子們行為背後要傳遞的是什麼情緒：打人的孩子，是否有很多情緒不知該如何疏通與宣洩？他的爸媽最近是否生活壓力很大？如果父母的狀況都沒問題，那麼，是不是孩子本身的性格使得他與其他孩子相處時，碰到了無法處理的挫折與憤怒？

我們要如何看待孩子間的肢體衝突？孩子們的肢體動作所釋出的訊息，不只是我們表面看到的意義。

他們年紀還小，無法像大人一樣正確表達出內心的情緒，也還不懂得壓抑情緒，因此，當孩子與孩子之間發生了衝突，我們有必要去理解：這可能是孩子正在表示：「為什麼我不能先玩那個玩具？」而另一個肢體動作可能表示著：「我不想比你弱，我是對的，你聽到我了嗎？」

♥♥♥♥♥

孩子們的身體動作總是比頭腦快一步。他們的頭腦還相當單純，大都使用身體的每一個部分在探索並接觸這個世界的人、事、物。因此，當孩子與孩子之間發生肢體衝突時，非常需要大人們更加細心與耐心地瞭解其肢體動作背後所表示的意義。

♠♠♠♠♠

每一個小男孩裡都住了一個小英雄，免不了會經驗打人和被打的生命過程。恩典在兩歲多時初進到新團體，有很長一段時間被其中一位比他年長兩歲的男生欺負，我因而開始尋求身邊父母的建議與想法。有的跟我說，如果不會太危險（如對方手上沒有危險物品），不妨先保持一段距離，讓孩子自己學習去面對衝突與學習反擊；有的父母則建議我去要求對方父母多管教孩子。

經過一年多的反覆思索，我慢慢釐清了一些狀況，關於習慣欺負恩典的那個男孩，他母親正處於工作與學業都面臨高度壓力而焦慮的狀況，而父親則態度冷酷、不太說話。小男孩或許是接收了媽媽太多的壓力與焦慮，又沒有從父親那邊得到需要的關注與愛，所以才開始出現輕微的暴力傾向。大部分家長都知道，這個孩子不只欺負恩典，也欺負別的男孩。

關於被打這件事，我先生慢慢地教育恩典在被欺負的當下可以做的幾個回應，例如：如何運用身體力量保護自己不被傷害、迅速離開現場、向父母或是幼稚園老師反應等。

♥♥♥♥♥♥♥

德國有許多家長會教育孩子，由於碰到衝突或肢體暴力時，難免會有父母與老師都不在身邊的情形，所以必須學習適度的反擊，立即離開現場。讓孩子學會保護自己是很重要的，但同時德國父母也會教育孩子，拳頭只有在逼不得已的狀況下才揮出，離開衝突現場後必須向老師或父母回報之前的處境，而大人們在協助處理衝突事件的同時，也一定會告誡孩子們：真正的力量不是將拳頭揮向任何一個人，人與人和平相待才是最大的力量。

♠♠♠♠♠♠♠

一年多後，那個男孩欺負其他小孩的次數，終於在媽媽的壓力警報解除後變得愈來愈少，而恩典也因為長了一歲而變得更堅強。現在的他，要是被欺負了，會直接去向對方的媽媽告狀，要那一位媽媽好好管教打人的小朋友囉！

其實，衝突是成長必須經歷的學習過程。我在恩典三歲到四歲這一年間，透過孩子們之間的衝突上了寶貴的一課：恩典除了被別人欺負，也曾多次欺負其他比他小的小朋友。

我家的小傢伙天性樂觀活潑，在某種程度上卻容易情緒衝動。從三歲開始漸漸意識到自我的存在後，一旦碰到某些情境不如己意，恩典常會上演哭鬧的戲碼，在遊戲廣場時，偶爾也會與其他孩子發生小衝突。其實，這對許多父母來說都很正常，我們幾個媽媽的處理方式就是：當發現孩子們（尤其是小男生們）有小衝突時，先口頭勸告；若碰到無理的動手動腳，就二話不說將孩子帶回家，很直接地讓孩子知道這是不好的行為——藉由不能繼續在遊戲廣場玩耍、睡前的十五分鐘卡通時間取消等等，讓孩子瞭解事情的嚴重性。

帶孩子離開現場，還可以讓孩子的情緒緩和下來。孩子當然可能因此而哭鬧，這時候，父母要穩住情緒，向孩子解釋為什麼打人不對。教化孩子不是一、兩天的事，面對情緒容易衝動的孩子，我們要花更多心力一而再再而三跟他對談，詢問當他自己面臨別人的惡意對待時感覺如何、是否會喜歡等等。此外，我和先生也會利用週末及假日帶孩子到森

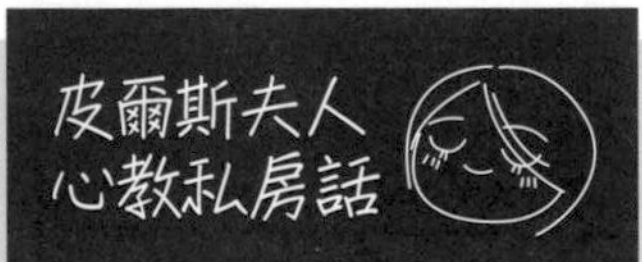


## 給孩子多一點抱抱

不管男孩或女孩，碰到孩子在某個階段與其他孩子有較多衝突時，父母可以反問一下自己最近的身心狀態如何，很多時候，孩子外發的衝突行為其實來自承受了父母的生活焦慮與壓力。衝突並沒有不好，發生衝突反而讓我們有機會往內探索孩子的生命。當孩子進入團體生活，也會和大人一樣有焦慮，但他們無法清楚地表達。這時候，可以好好檢視我們給孩子的生活節奏與次序：孩子穿梭在幼稚園與家庭生活之間是否被塞滿了活動？與父母單純的共處時間是否太少？

此外，如果給予孩子更多充滿愛與溫暖的身體接觸——擁抱、親吻與按摩等等，有助於紓解孩子的焦慮，能間接降低孩子的外顯衝突行為。

林遊賞的輕鬆時光，與恩典聊聊人和人之間彼此尊重的重要性，也跟他分享我們最喜歡的與他人相處模式是什麼。

對於與他人相處的技巧和情緒控制的EQ，小小孩都還在探索中。我和幼稚園的老師們談過，他們認為這個階段的孩子們發生衝突基本上是正常的，兩歲到六歲的孩子們，自我認知開始變強，會以不同的力量經驗什麼是自我，同時也經驗著什麼是人與人之間的關聯與界限。

在幼稚園裡，小孩間發生小衝突（雙方沒有任何危險物品攻擊對方）時，老師們不會馬上介入，而是會以某個距離來觀察孩子們：

♥ ♥ ♥ ♥ ♥

「孩子們需要學習如何去面對並化解彼此的衝突，如果大人們隨時隨地都直接插手處理，反而會讓孩子失去學習處理人與人之間衝突的課題。」

♠ ♠ ♠ ♠ ♠

不過，若碰到的是激烈衝突，老師們會馬上直接介入處理，與雙方小孩對談到底發生了什麼事。

| 1 | 2 |
|---|---|

1.小男孩們在三歲後，開始學習利用各類型的力量來展現他們對自我的建構。

2.孩子借由身體來探索並接觸這個世界的人、事、物，所以非常需要大人們更加細心與耐心地瞭解他們運用身體探索世界的方式。

當釐清所有過程與細節，犯錯的那一方會在老師的引導下向對方道歉，之後老師也可以選擇以小處罰來讓孩子瞭解動手打人的嚴重性。

恩典的幼稚園老師對孩子動手打人的處罰，是要孩子待在老師身邊（或另一個小房間裡）二十分鐘，這二十分鐘裡，不能和其他小孩玩耍，要靜下來好好想一想發生了什麼事。二十分鐘後，老師會再跟小小孩聊一聊先前事件的起承轉合，而他沉澱下來後的想法是什麼？

## ・德式慢養手札

- 衝突是小小孩學習及成長的必經歷程——小小孩之間的衝突多半是為了「自我主張」和「自我保護」，他們也會在一次次面對衝突的過程中，學習到人際關係的技巧和規範。
- 處理孩子之間的衝突時，要理解孩子行為背後的各種可能原因，例如孩子可能承受來自父母的太多壓力，也許孩子是為了保護別人而與另一人發生肢體衝突……等等，甚至要進一步協助孩子看到自己行為的原因或動機，並利用「想心比心」的範例或故事情境，引導他們思考自己的行為所帶來的結果。
- 別忘了適當肯定孩子的認錯。
- 教導孩子懂得在面對別人「揮來的拳頭」時，應有的自我保護措施：適當反擊、遠離衝突現場、向大人告狀……。
- 設定界限，以適當的「懲罰」——例如禁止看卡通——制止反覆出現的錯誤行為，讓孩子知道做錯事的嚴重性。這個過程可長可短，孩子的成長、成熟需要時間，請有耐心的等待。

※適度放手讓孩子自己面對及化解衝突，不要老是插手，這是孩子們成長的機會。

# 可不可以不當乖小孩？

某天我突然意會到，Luca和Lili那身為工程師、高科技行業出身的母親，對他們的嚴格管教十分有心得，孩子倆都是依著媽媽的心意來生活……

前一陣子，恩典邀請了幼稚園的好友Lili和Luca來家裡玩。

Lili和Luca是一對姊弟，每回帶恩典去幼稚園碰到Luca時，我總會多看他幾眼，我喜歡那個孩子的安靜與柔順，然而，那一天Luca和Lili的來訪，教會我一些關於恩典的事。

那天，Luca與Lili來訪，恩典很興奮地將房間裡爸爸為他手工做的各式弓箭拿出來「現」。我和姊弟倆的媽媽在客廳喝咖啡，恩典三不五時就衝到客廳要Luca與他玩戰士對決遊戲，偏偏天性安靜的Luca不喜歡，後來乾脆躲進他媽媽的懷裡；我後來跑到恩典的房間看，Lili一個人好安靜地自己玩。下午四點，兩個孩子跟著媽媽回家後，我突然因為恩典像個野人般的舉止而覺得好沒面子。

不過，某天我突然發現到，Luca和Lili那身為工程師、高科技行業出身的母親，對他們的嚴格管教十分有心得，孩子倆都是依著媽媽的心意來生活（注意，不是所有文靜內向的孩子都代表沒有生命力）——

淘氣鬼總是讓父母傷腦筋，卻也是一群活力十足、創意無限的孩子。

忽然間，我也明白，如果乖巧聽話反而讓孩子有想法、委屈、渴望而不說，那會讓他們失去自己獨特的生命力展現。

這個發現讓我挖出自己喜歡Luca的理由：我怕恩典的調皮搗蛋讓幼稚園老師傷腦筋、讓我沒面子。然而，恩典不正是我的翻版？我不也從小到大都依著自己的心性去探索生命？我們都是無法讓父母一手掌控的小淘氣。

看看我的小傢伙，我和先生還在學習剛柔並濟的教養生活。他很叛逆，跟他來硬的，很多時候都行不通，所以得先讓他釋放完情緒，再耐心跟他溝通剛剛發生的事件，一次、數十次到百次，透過我和先生無限耐心地教導，一點一滴慢慢結成小果子。

其中一顆小果子，是從他兩歲就開始澆灌成長的。每次要在睡前幫他刷牙都像上戰場，我和先生應該跟他一起練習上千回了吧！也因為有這個馬拉松式的無限耐心練習，我現在已經慢慢進階到心平氣和地陪他刷，然後也不曉得在哪一天，小傢伙已經可以相當安靜地自己刷牙。

皮爾斯夫人心教私房話

## 讓頑皮小子快樂生活的祕訣

孩子的叛逆，有時往往不是真的叛逆。要進入孩子的內心世界，父母需要不斷學習更好的傾聽藝術——很多時候，身為大人的我們都無法真實傾聽自己內心的聲音了，就更不用說要打開心聽見孩子真正的呼求。

教養衝動型的孩子，需要給他們一個展現自我光彩的舞臺，同時仍必須勇於給予清楚的管教，讓他能夠從中慢慢學習人我之間和諧共處的尊重與界限。

關於孩子的好動，可以試著引導他們的動能往以下方向去紓解與發展：

＊**增加孩子運動的時間量（游泳、球類運動、舞蹈音樂）**：透過運動，孩子會自然而然創造屬於他們的快樂、和諧及自信。

＊**帶孩子大量接觸大自然**：對孩子的身心有很大的正向力。

＊**讓孩子多接觸貓狗動物**：很多孩子在面對小動物時會特別的友善溫柔，如果家裡的狀況允許，讓孩子擁有一個陪伴他們成長和生活的動物朋友，對於他們情緒過動的狀態常常會有直接的療癒。

＊**陪孩子一起編織他們的故事**：孩子們通常想像力十足，父母一定要陪他們開創這方面的天賦，陪他們一塊編織故事，守護他們的童真世界。

＊**與孩子們一起手作練習**：透過手作，他們會自然進入練習專注力的心天地。

還記得他在兩歲多時進幼稚園，跟同齡孩子相比，他的德語發展得特別慢，但我朋友都表示可能是因為他聽雙語，自然會較慢，不用急；事實上，又過了半年左右，他的語言發展就像跳百米般突飛猛進了。之後又有一陣子，我和先生擔心他太好動，無法安靜下來看故事書，但又覺得他在身體動能上比一般孩子強，也許需要先發展好這一部分，其他部分就慢慢等吧！然後又是一個耐心等待後結成的果子，二〇一五年十一月從臺灣回德國後，每一回我帶他從幼稚園回來，他都一個人在房間裡自在地玩樂高，也安靜地看一本又一本的故事書，看到他自然而然來到這個階段，我和先生都好開心，當初我們堅持是對的——

♥♥ 依著對自己孩子的瞭解，不去依賴某位權威或教養典範書來帶我家的寶貝。♥♥

恩典、我與先生，都是家族裡的黑綿羊，常會挑戰到人們對危險的恐懼意識，但我們其實擁有創意十足的靈魂，無厘頭、愛搞笑的生活方式，讓我們充分感受著生命流動的歡樂無限。我們繼續學習著剛柔並濟的教養生活，也允許他自己繼續勇敢地活出自我價值的快樂，而不是去做一個乖巧但不快樂的人。

### ・德式慢養手札

※沒必要強迫孩子當「乖小孩」，別因此而讓孩子忽視了真實的自己。

※每個孩子都是獨立的完整個體，在參考他人教養經驗的同時，最重要的，還是要觀察、瞭解自己的孩子。

# 別把放養當放羊，「放」前先得「養」

恩典知道自己一週只能看兩次的卡通頻道，然而在不能看卡通的那些日子，他還是會不斷試探爸媽，可不可通融多看一次。

這幾天整理著恩典剛出生時的照片，看著那圓咚咚的可愛小臉，想到如今他已經六歲了，心裡除了感慨時間過得好快，也回想起這些年來的育兒過程中，孩子的成長變化帶來的許多轉折與挑戰。在恩典三歲到六歲的這三年裡，我在管教與放養之間的學習特別多。

德國的幼稚園或家長對孩子們的教育理念，主要放在為孩子創造了一個健康多元的成長空間，並不急著在學齡前讓孩子趕快學會念書，而是盡心盡力給孩子們一個快樂的童年。

♥♥♥♥

然而，德式放養的前提，卻是將管教和放養放在同一個天秤上——每一份自由背後，都代表一份責任。在給孩子自由之前，要清楚是否過早、過多，若在他們還沒有能力負責前就給了太多自由，反而會造成孩子過度發展。

♥♥♥♥

從三歲一路成長到六歲，是孩子自我意識的形成階段，他們會開始像大人那樣發

大人為孩子劃下管教界線，是引導孩子慢慢朝品格養成之路的根基。

表自己的高見，也可能在得不到他要的東西時情緒如暴龍，更多時候，他們想要跟爸媽一樣，每一件事都要自己作主。

有一次，我在遊戲廣場跟一群媽媽聊起公公婆婆那年代的家庭教育和學校教育，提起公婆分享過的經驗：在他們那個年代，家庭及學校教育是會打小孩的。

這話題很快就聊了開來，原來，朋友們的父母也多少都被體罰過。在特殊教育學校當老師的Antja說：「老一輩曾歷經體罰與威權教育的年代，到了我們這一代，教育及家庭環境真的好很多，卻出現過度溺愛小孩的問題，如何在兩個極端裡重新找回平衡真的很重要。」

♥ ♥ ♥ ♥ ♥

「愛孩子，還是要管教，為孩子定下應有的界限。我們要認清父母的責任，若在孩子三歲到六歲之間就完全放手，每一件事都讓他自己做決定，等於讓孩子過度發展——是否要讓孩子自由做決定，非常需要父母依情境、孩子的身心成熟度，來做出正確的判斷。」

♥ ♥ ♥ ♥ ♥

透過Antja的「拋磚」，其他媽媽們都深有同感，如何拿捏管教與放養的尺度真的是一門學問。Antja繼續說：「像我兒子Mattis，最近剛學會騎腳踏車，他很想像大人那樣自由地騎腳踏車到處趴趴走，但基於安全考量，我會對他說：『沒問題，你可以騎腳踏車，但要在幼稚園和遊戲廣場附近，這樣我才知道你的行蹤、知道你安不安全。如果幼稚園的孩子邀你一塊兒騎，你要先回來問一聲才可以跟他們去，而且要三不五時騎回來讓媽媽看看你哦！』」

這個年紀的孩子一旦學會游泳或騎腳踏車，總會得意開心地要向其他小朋友展現自己有多厲害。於是，在媽媽給的騎車安全守則下，Mattis可以開開心心地騎車，不僅感受到媽媽對他的信任，同時也理解到遵守媽媽給的安全原則是他的責任。

聊完騎車的例子，大家又紛紛討論到：該給孩子看多少電視、吃多少甜點？如何因應孩子動不動就想買新玩具的狀況？孩子應該養成在同一個時間點上床睡覺嗎？其實，這幾個問題都關乎對孩子身心健康的把關，需要父母清楚為孩子定界限。只是孩子們很聰明，懂得鑽漏洞，像是恩典，他知道一週只能看兩次卡通頻道（大人會陪同，幫他選擇適齡可觀看的內容），然而在不能看卡通的那些日子，他還是會不斷試探爸媽可不可通融多看一次。經過幾次堅定的否決及解釋溝通，雖然他會怪媽媽不通情理，但抱怨幾句後，就會自己回房間玩樂高或畫畫。

此外，恩典每次看到超市中琳瑯滿目的玩具，都會失心瘋地吵著要買，但我和先生早有共識，光是親友送給恩典的二手玩具就已經太多了，再加上生日和聖誕節還會收到新玩具，所以不能隨便添購新玩具。好幾回，他在賣場裡鬧情緒，我們也會心慌，但仍堅定地守住底限，回家後也不斷跟他溝通並解釋原因，有機會就以生活故事來分享對惜物、欲望這些事情的正確態度。

♥ ♥ ♥ ♥ ♥

小小孩這些想要卻得不到的歷程，從對父母的生氣不解，到接受管教、理解父母的動機，是需要耐心與時間的。許多時候，父母可能會因孩子的反應而感到挫折，或因短期看不到成效而讓步，就很需要其他家長朋友間的鼓舞或夫妻間的堅定共識；在同伴相互支持下，教養挫折就不會卡太久，也能堅持下去。不

♥ ♥ ♥ ♥ ♥

Frau Weiss 在管教與放養之間，幫我上了一堂啟蒙的課。

♥♥♥

過，我們也需要時常提醒自己，在五、六歲孩子快速長大的身體底下，仍住著那個在成人世界裡似懂非懂地探索的小小孩，就讓我們慢慢與他們同行吧！

♥♥♥

關於管教與放養的拿捏，我想到二〇一五年九月到十二月，自己在路卡幼稚園（恩典不是讀這所幼稚園）當了三個月義工的收獲。

有一回，孩子們在花園裡玩耍，我剛好站在一群男孩玩耍的那一個區塊，不經意地發現，一個快六歲的男孩拿著一把大人用的工具刀在割工具屋的門板。我看到那把工具刀，馬上就要他將刀子交給我——以他的年紀還不能擅自取用，這很危險。我將刀子和事發經過向Frau Weiss老師反映後，她在大家離校前要孩子坐在一個圈圈內，

孩子在三歲到六歲之間開始發展自我意識，常會讓父母焦慮不已。

拿著那把工具刀，向小朋友們描述剛剛在花園裡發生的事情，然後反問他們：「為什麼不能拿工具刀來學校？」

等孩子們踴躍發表想法過後，Frau Weiss老師眼神堅定地告訴那個男孩，他的行為不是嚴重的錯誤，心裡不必有罪惡感，但幼稚園有幼稚園的安全規則，小朋友們都必須學習遵守，「我們生活在一起，不可以侵犯到其他人的自由與安全，尤其這裡有很多剛滿三歲的小朋友。」她還提到，幼稚園也有工具刀，平常做手工藝或和老師們一起削蘋果皮時，都用那些工具刀，孩子專屬的工具刀就可以自由使用（那類工具刀即使刮傷了小朋友，也不會有大危險）。

這個插曲給我頗大的啟發，Frau Weiss老師在處理這整件事情的言詞表達中，並不會讓小男孩覺得自己犯下滔天大罪，更把握住機會向孩子說明基本的學校生活規則，引導他們瞭解什麼是「不得侵犯他人的安全與自由」：這些生活中的規則不是絕對的對與錯，但為了團體生活的和諧，需要大家共同的努力、付出或遵守。

事實上，Frau Weiss老師當時還舉了另一個例子進一步跟小朋友討論：「如果你想要專心地完成一件作品，正開開心心地投入其中時，偏偏有人一直在旁邊搗亂作怪，你會有什麼心情和反應？」每個孩子都表示會覺得很討厭，希望那個人離開。她順著孩子的回答繼續說：「所以囉，我們不能干擾另一個人，讓人家失去手作的樂趣和自由，在這個情況下，規矩的制衡是不是就很重要呢？」

♥♥ 引導孩子對行為產生同理心，孩子會比較願意配合團體的規矩。 ♠♠

後來，我將Frau Weiss老師的這套方法應用在恩典身上。有兩回，恩典在音樂課堂上調皮搗蛋，干擾到其他小朋友。在我到路卡幼稚園當義工前，一聽到恩典有不乖的行為，我會既擔心又生氣地不斷叮嚀他不能在幼稚園裡為所欲為，還要向老師道歉；學習到Frau Weiss老師的方法後，我在要求恩典向老師和同學道歉之餘，花了更多時間與他對話和溝通。我跟他聊到，我們住的這棟公寓共六層樓十二戶，十二個家庭約有二十五個人，我問他：「為什麼晚上八點鐘以後，不能隨意將家裡的音樂開得很大聲、進出門得小聲關門？為什麼每一次我們從車庫離開時都要隨手關燈？」他想了想後，對我說：「如果大家都放很大聲的音樂，就會很吵，有的老奶奶很早就睡了欸！如果不隨手關燈，那會浪費好多公共能源啊！」

順著恩典的回答，我進一步跟他討論，這其實與他在幼稚園裡上音樂課時不能干擾其他人的原理相通，「個人自由必須建立在不侵犯到其他人的自由下才行哦！這樣的自由才代表有負責的態度。」我還分享到自己曾經是學生，有時也會覺得上課很無聊，所以明白他的感覺，但尊重老師的課程，並考慮到其他小朋友還想上課，才是真正的自由！

調皮的孩子特別「精」，這些品格的練習很難讓他們一、兩次就有行為上的大翻轉，但我始終相信，品格養成不是一朝一夕，需要數十年的功夫去練習、去成就，而我，會帶著巨大的耐心等待恩典的熟成。

### ・德式慢養手札

⁂ 自由放養不等於放縱或放任，而是父母為孩子的獨立做好訓練及準備，給予孩子自由及責任，讓孩子有大量的時間和空間探索世界，從經驗中學習與成長。

⁂ 對於必須遵守的規則，需訂好界限，並觀察孩子能否做得到。適度超出能力範圍的規定有助於孩子的進步，但不能超出太多。

⁂ 尋找與孩子溝通的合適管道和方法，爸媽不能只知道訂定規則，更重要的是要有溝通。

# 尊重他人，是教養的開始

## 老師問過每個小朋友：「你們願不願意讓這位陌生人拍照？」

二〇一四年，我有機會到柏林，在回家途中，需要先到亞歷山大廣場轉電車到巴士總站。廣場前，一批批人潮往百貨公司湧進，突然間，有一個畫面抓住了我的目光：一個前面背著五公斤行動攤位，後面背著一支火紅大洋傘的德式香腸小攤販旁，圍了幾個小朋友與一個大人。

我想要拍下那個畫面，於是上前詢問他們可否拍照。女老師問過每一個小朋友：「你們願不願意讓這位陌生人拍照？」小朋友都說好，待拍攝結束後，我好奇地問女老師，為什麼帶孩子來這裡，她回答說：「我想帶孩子們學習什麼叫『尊重』，尊重社會裡的各行各業。」

現場的小朋友們，小小的臉龐上寫著「認真」，有人拿著錄音機記錄採訪內容，有人拿相機拍照，其他人則負責向小販叔叔提出他們對這份工作的疑問。

等孩子們與老師離去後，我和好友想以行動支持這位辛苦的先生，便向他點了餐。在他手腳俐落地弄麵包和香腸的同時，我們與對方小聊一下，知道他今年三十四歲，來自波蘭，這份工作是他在德國賴以生活的主要經濟來源，一天會在這裡站六個小時。

談話過程中，他還迅速從口袋裡拿出兩張證明給我們看——原來，他有向市政府租下這一塊小地方，每個月繳一百元的租金，所使用的麵包與食材也都經過衛生單位檢驗合格。

要讓孩子懂得尊重，與其用說教的方式，還不如像那位老師那般，讓孩子親自與這個真實世界的人、事、物對話；什麼是尊重？也包括了我想要拍照片時，老師相當慎重地先問過每一個小朋友的意願。

♥ ♥ ♥

「尊重」為什麼對孩子的生命啟蒙那麼重要？因為一個懂得尊重他人的孩子，可以透過自己的思考、觀察、對話與思辨，深入生命的意義與價值。

♠ ♠ ♠

1.老師帶孩子們離開學校，走進世界，上一堂關於尊重各行各業的課。
2.在每一個小孩心中種下一顆光的種子，有一天時間到了， 他們會長成大樹（老樹媽媽與恩典）。

同樣的，一個懂得尊重大自然的孩子，是從自身與大自然相處的經驗裡，體會大自然與人類間共榮共存的連結；一個懂得尊重的孩子，在路上看見喜歡的狗狗或貓咪時，會懂得先問過牠的主人：「我可以摸摸你的狗／貓嗎？」詢問寵物的主人，其實不只是尊重主人，也保護著動物，並留心到自身的安全。

關於尊重動物的實際案例，我還想到婆婆對待動物的態度。婆婆家有一隻養了十多年的貓，小小孩們回婆婆家時，當然喜歡逗貓玩，但若碰到老貓咪正在婆婆的大床上睡午覺，就會被婆婆警告說：「貓咪要睡覺，你們不能吵到牠，全都離開，等牠睡飽了才能跟牠玩。」

♥♥♥♥

將動物當成人類般地看重與疼惜，甚至可以延伸到住家附近出沒的其他野生小動物——許多德國人即使看到一隻小蜻蜓飛進家中，要將小動物請出去時，都得小心翼翼的。

♥♥♥♥

生命啟蒙的這一課「尊重」，不只是大人要帶著孩子來學習，大人更要時時反問自己：「我有身體力行嗎？」

你是動嘴說的爸媽，還是做比說多的家長呢？

相信一定有很多人跟我一樣，直到當了父母之後，才有機會不斷學習、不斷自我反省，並從中成長。很多時候，一個價值從被瞭解到實踐，會需要相當漫長的時間，但種子不因小就不發芽，也永遠不嫌晚，怕的是——我們不願意成為播下美好種子的那個人。

## ・德式慢養手札

※小小孩常會從自我觀點出發，但「尊重」這門人生課程必須從小就教。

※尊重並非社交場合中的禮貌，而是來自於對另一個生命的理解、體諒、敬重與關愛。

※上一代的人常以懲罰與強迫的方式，讓孩子適應社會的禮節和規範，就連「尊重」這門課也一樣，但其實，如果父母本身有這些好習慣，無需強迫，孩子就會效法父母。

※陪伴孩子與這世界的人、事、物對話，藉由機會教育幫助他們學習尊重。

※家人之間的互動，別忘了要以互相尊重為最高指導原則——你尊重孩子，孩子也會尊重你。

# 愛動物如愛己，從小做起

不管是對鳥類、昆蟲、貓或狗，德國人愛動物如愛己的現象時時可見；他們跟動物間的對話，就像在面對一位親密好友。在德國，孩子從小就被教育著要尊重動物：要摸狗之前一定要先問過狗主人；貓如果在休息，就不能硬把牠挖起來陪自己玩……。

在恩典的幼稚園裡，有一回，老師買了一個透明的小網箱子，裡頭有蝴蝶的幼蟲，老師和孩子們一起觀察蝴蝶的成長過程，等幼蟲變成蝴蝶後，又和孩子們一起將箱子打開，歡送蝴蝶離開（臺灣有些小學也有類似課程）。

♥♥♥♥

帶領孩子們達到觀察的目的後，就將小昆蟲們放回大自然裡，這樣的「德式愛動物如己」，不只為我上了寶貴的一堂課，也使我在讓恩典親近動物時，教育他以一種安全、不侵犯、互相尊重的友愛觀，來學習與動物們相處。

♥♥♥♥

此外，德國有許多森林動物園區，雖然豢養著不同類型的動物，卻沒有一般動物園那麼多，主要目的是讓孩子可以近距離接觸到動物。森林園區常設置幾個飼料販賣機，孩子們總是在投幣取得飼料後，開心地奔向動物，等不及要和牠們接觸。

| 1 | 3 |
| --- | --- |
| 2 | |

1.近距離的接觸動物，是森林動物園的特色。

2.與動物和善相處，讓孩子從小體驗生而平等。人類需要用更多的美善，來對待周遭的自然與動物。

3.森林動物園裡，到處都是野生的鹿兒。

這類型的園區裡，有很多野生放養的鹿，對於人類的靠近，有些很快就會窩到孩子身旁，但也有戒心甚重的鹿兒觀望許久仍不願靠近人們。

看在我眼裡，這正是森林動物園送給孩子最棒的一課，孩子們可以學習如何尊重動物、觀察動物的動態，並思考需要採取什麼行動才有辦法取得鹿兒的信任，讓牠們主動靠近？

我不是念動物治療出身的，但我親身觀察到：當孩子與動物相處的時間愈多，因為學習對動物付出溫暖與愛，毛毛躁躁的脾氣多半都會變得比較柔順。不論對大人或小孩來說，動物都是最佳的好朋友；當孩子在某些階段比較難帶時，讓他們多些機會去接觸動物，多少會讓孩子的身心漸漸安穩下來。

♥♥♥♥

德國人愛動物如己，將動物當成家庭成員之一。你很少會看到販售貓狗的商店，因為德國的每座城市幾乎都有動物之家，認養率高達百分之九十，這說明了——當德國人認真考慮要養動物時，還是會先以認養為主。

♠♠♠♠

如果不是因為恩典對貓毛過敏，我和先生真希望家中能多一個成員，我的好友威良是念動物治療出身的，她曾跟我分享到德國的動物之家認養狗的過程：

♥♥♥♥

德國人認養動物時就像在認養小孩，非常慎重。若要認養狗，就會全家去看狗。動物之家的人不會當日就讓你把狗帶回家，因為他們想瞭解認養人的家庭環境、有無小孩、工作時數等，一天外出工作超過八小時的單身者通常會被排

♠♠♠♠

♥♥♥♥♥

除，若是有小孩的家庭，他們會讓認養人知道狗喜不喜歡小孩。認養家庭通常都要造訪動物之家好幾次，才可能認養到狗。有時候，為了考驗認養人的誠意，還會讓他們帶狗出去散步，瞭解認養人對待狗的態度是否正確。認養後，工作人員還會去認養人家裡抽檢拜訪，如不合適，就會馬上把狗狗帶回來。

♠♠♠♠♠

德國保護動物的政策與制度，真的讓人很感動。周遭親友們家有寵物的，幾乎都是從動物之家認養來的，而我也認識幾位退休的老婆婆，奉獻自己的義工生活到動物之家去，一週一次固定帶某隻動物外出散步。

每一年的動物之家夏日節慶，總會湧入很多想要認養動物的家庭，這時，老婆婆們就負責打理餐點，手作蛋糕及簡單的下午茶點歡喜服務著，如此一般的德式疼惜動物、尊重動物、參與動物議題的學習，不只讓孩子看見大人們如何善待動物，更是一堂父母需要用心去累積學習的課。

### ・德式慢養手札

⁑愛動物的孩子，常保善良、柔和之心。

⁑印度聖雄甘地曾說：「一個國家偉大的程度與道德素養，端視其人民對待動物的方式。」不只政府對動物的保護措施要建全，在家庭及學校教育中，更要從小就教導對動物生命的尊重——人們面對動物的心態若有偏差，再多收容所也不夠。

| 1 | 3 |
|---|---|
| 2 | |

1.森林動物園之旅真是一趟最棒的親子小旅行。
2.和小動物們相處時，孩子總會變得柔順溫暖起來。
3.德國人教導孩子對動物不能越界侵犯——這是尊重動物的第一堂課。

## 「懂生活」是自我價值的展現

德國爸爸在兼顧獨處時間的同時，也願意花時間維繫親子關係，陪孩子練習騎腳踏車或游泳、一塊兒踢足球或跑步、教孩子如何修理燈泡和腳踏車，也跟孩子分享自己在環境保育與動物權議題的想法——他們不怕孩子不會念書，只怕孩子不懂生活。

剛到德國的第一年，我吃了滿多生活苦頭的，原因是我在生活能力上的種種缺乏。有一回，我和先生騎腳踏車外出的時候，車子壞了，沒想到他不是安撫我、讓我安定心神，反而問我說：「妳會不會修理腳踏車？」我整個人傻眼站在那兒，心想：「壞都壞了，你不趕快幫我修，還囉唆地念我不會修腳踏車！天啊！女人怎麼可能會修腳踏車？」

在這一年裡，我除了寫稿、上德語課，就是在家當主婦，但我先生的「主婦能力」比我強太多了。在我清潔打掃環境後，他都會仔細檢查一遍，然後像評審員那樣列出不及格的地方。我心裡當然很氣，因為太沒面子了，還想說如果他夠愛我，應該不會對我如此嚴格，不幸的是，他神經很大條，沒發現老婆對他很不爽。

德國人「中用」的民族特性，雖然讓他們勤勞認真，要求自己在工作崗位上戰戰兢兢，但要他們當工作狂或每天加班，卻跟登天一樣難。對德國人來說，下了班的私人或家庭生活，以及一年中長達一個月的特休假，是身為人應得的基本生活品質，比開高檔車或拿昂貴名牌包更重要。

♥♥♥♥

在德國，「活得像一個人」意謂著利用完整的制度與法律，來協助整體社會的幸福滿足程度，每年長達一個月的特休假，是從醫院的大醫師到小清潔工都一視同仁的權利。

♥♥♥♥

每一年夏天的渡假潮一到，打開地方報紙，就會發現裡頭塞滿了城裡大小診所休業幾週的公告，我的家庭醫師就說過：「醫師是人不是神，休診一個月，好好去渡個假，回來才更能幫助病患們找回健康活力啊！」就連巷口麵包店的老奶奶，也常口沫橫飛興奮地跟我分享她渡假時的趣聞。

同樣是女人，德國女人當然重視自己的外表，但是——

♥♥♥

她們「中用不中看」，求的是活出「自己的樣子」，而不是一窩瘋地模仿新一季的時尚趨勢。

♥♥♥

穿著依場合變化，需要參加節慶活動、婚禮時，該下手幾件高貴美麗的衣裳不會心軟，平日想要休閒或高雅，則依個人喜好。看看周遭的德國媽媽，為了方便帶孩子，衣著都走運動休閒風，當然也有媽媽穿高跟鞋來接小孩，隨個人選擇。德國女人沒有精雕細琢的化妝術，雖然少了甜美、可愛的女人味，卻有獨特的自信美，而且並不建立在取悅他人或先生上；她們不太焦慮姿色不夠完美，拍照後也不會為了臉上的皺紋而修片——當女人真正有自信時，就連皺紋都能變成增添魅力的神祕力量。

德國男人的「中用不中看」，熱衷於用勤奮的雙手建構一座心中的夢想城堡：

♥♥♥ 家對德國男人來說，是另一種自我實踐的無限延伸，所以他們熱愛學習烹飪、園藝、木工，樂於親手打造房子，也認為自己動手維修水電最實際。♥♥♥

德國爸爸在兼顧獨處時間的同時，也願意花時間維繫親子關係，陪孩子練習騎腳踏車或游泳、一起踢足球或跑步、教孩子如何修理燈泡和腳踏車，也跟孩子分享自己在環境保育與動物權議題的想法。他們不怕孩子不會念書，只怕孩子不懂生活。

♥♥♥♥ 有生活能力，就是自我價值的展現；有生活能力才能創造自我、欣賞自我。在德國爸媽心裡，孩子的誕生，可不是為了當一個忙著應付考試的機器，他們容許孩子在不同的領域和興趣裡探索自己、完成自我，開創自己的生命之歌。♥♥♥♥

### ・德式慢養手札

⁂ 希望孩子會念書並不是大過錯，只是父母必須瞭解到，人生裡有太多挑戰等著孩子去面對，而不只有念書。

⁂ 教育的目的，總歸一句話，是教孩子如何成為一個人。

| 1 | 2 |
| --- | --- |
| 3 | |

1.孩子不是出生來當考試機器的，多元生活層面的學習能讓孩子懂得如何過生活。

2.德國媽媽的美是自信獨立的美。

3.當了爸媽的德國人，在休閒時光騎腳踏車出遊，成了親子生活裡的主調。

# 跨越性別的執著，男孩也可以玩芭比

有一回，恩典和我們一起看兒童電影，電影裡的小男孩碰到一個打擊，心很痛卻一直忍住不哭，這時恩典突然很認真的問爸爸：「爸爸，男生不能哭嗎？」

說到德國人跨越性別的框架限制，真的讓我印象深刻——當媽之後，從孩子的周遭也可以觀察到。

新一代的德國爸爸，享受當奶爸的比例相當高，一早送孩子到幼稚園，有一半都是爸爸跟孩子在「十八相送」。近幾年來，德國男性投入幼教行列的人愈來愈多，一位就讀幼兒教育的十八歲女孩對我說，她們班上二十五個同學中，男生就占了五個，而恩典的幼稚園裡的男實習生，也從孩子兩歲多時只有一、兩位，到恩典滿六歲要離開時，變成三到四位的比例。至於我們家，有一陣子也跟著恩典學習以毛線編織手環，想不到先生和恩典的編織活，還比媽媽我還厲害呢！

♥ ♥ ♥ ♥

針對孩子們的性別，德國的幼稚園不會刻意去教導或強化，所以偶爾看見小男生跑到變裝角落穿起女孩子的公主裝，老師們都是很自然地讓孩子們展現與玩耍，而小女孩當然也可以穿男騎士的衣服，跟男孩來場比武較勁。

♥ ♥ ♥ ♥

有一回，我念了一本故事書給恩典聽，內容是一個小男孩因為爸媽在他生日時送一輛救火車而跑到花園哭，小男孩的爸媽問他為什麼哭，他回答：「我想要的生日禮物是一個洋娃娃！」他爸媽卻說：「你是男生，不可以玩洋娃娃。」

我才念到這裡，故事還沒結束，恩典就很激動地說：「媽媽，他爸媽那樣不對，誰說男生不能玩洋娃娃，我們班上的女生也會來跟男生玩救火員救火的遊戲啊！我看到表姊妹的芭比娃娃，也會拿來幫她們梳梳頭髮啊！」

誰說小男孩不能哭？

恩典遺傳到媽媽發達的淚腺，碰到挫折或不如意時特別愛哭，有一回，他和我們一起看兒童電影，電影裡的小男孩碰到一個打擊，心很痛卻一直忍住不哭，這時恩典突然很認真的問爸爸：「爸爸，男生不能哭嗎？」

我先生回答：「恩典，男生當然可以哭，爸爸從小被奶奶教導說男生不能哭，所以爸爸在情感流露上比較壓抑，可是恩典是一個能夠盡情流淚的孩子，這是一個很棒的人生禮物哦！」聽到爸爸的這一番話，恩典開心地跟爸爸擁抱及撒嬌，父子倆抱來抱去親個不停。

真感謝我先生將童年的小小遺憾轉化成溫柔，接納自己的兒子，不再侷限於傳統性別角色裡大人對孩子的壓抑及扭曲。

對我來說，每一個人的身體裡都住了一個女神與男神——身為人，我們不是一個百分之百的男人，或百分之百的女人，我們化為肉身的外顯性別，是行走在人間的特徵，但心靈力量層面的男神與女神，渴望聯手共創生命腳本。

透過孩子，我們有機會在自身內在的陰陽兩極裡，練習著給自己更多的覺察與溫柔相待，跨越性別的執著，邀請我們勇敢去覺察到自己對他人不同程度的偏見、攻擊與恐懼投射。

♥♥♥♥

要跨越對性別的執著，有待我們如實去看到，生命的本質無關性別裡的框架限制。生命的本質是真實的愛，愛是人與人之間共通的語言。真實的愛邀請我們，兼容並尊重他人詮釋自身生命的版本，即使別人跟我們是那麼的不一樣。

♠♠♠♠

### ・德式慢養手札

※孩子對性別的認同和養成，基本上受到大腦發展、教養、社會環境、媒體等多重因子影響。父母要思考的是：當孩子出現不同於其性別期望的行為或傾向時，是否有辦法陪孩子一起找出更美好的出路？

※雖然大部分孩子會按照其性別特徵來展現自己的性格，但也有孩子比較特別，此時別忘記：男人可以具有女性的特質，而女人也可以具有男性的特質，所以，誰說男孩子不能玩芭比娃娃？

※在教養的過程中，父母可以多看孩子因性別而產生的優勢（比如男生的力氣普遍偏大，搬重物等體力活可以男孩子優先），但不必執著於其性別行為特徵（女孩子想要一起搬也歡迎），畢竟現今社會環境中，已甚少有「只有某種性別才能從事的工作」。

| 1 | |
|---|---|
| 2 | 3 |

1.誰說小男孩不能玩芭比娃娃？

2.誰說男孩不能哭？

3.新一代的德國爸爸，享受當奶爸的比例相當高。

# 從阿公阿嬤不帶孫，看德國人對孩子的尊重

我和先生晚上去約會、看電影時，大男孩會來當恩典幾個小時的家庭保母，每一回，我總是電話一拿起來就直接問好友：「妳兒子那天晚上有空來帶恩典嗎？」三番兩回後，好友笑著對我說：「家羽，妳應該要直接打給我兒子啦！」

在德國生活八年，因為養育恩典，讓我這個異鄉人進入德國民族更多元的生活面貌。有幾位好友曾問過我：在德國教養小孩，跟在臺灣差異最大的是什麼？仔細思考後，我心中第一個最大的差異是：德國的爸媽不會在生小孩前，就打算好以後要將孩子丟給自己的父母帶。

德國的爸媽即使因為雙薪工作忙，需要動員到其他人來照顧孩子，多半是找相關的專業家庭保母來協助，爺爺奶奶雖然偶爾會帶帶孫子，但比較屬於含飴弄孫的層次。生了小孩的德國爸媽，很少有人會丟給自己的爸媽帶，或者將還不滿一歲的孩子交給全天的保母——他們認為，自己生的孩子自己帶，才能教養出理想的品格。

記得有回上藥局，看到老闆娘在孩子滿兩個月後，就用嬰兒背帶揹著孩子每天上三小時的班；也曾看到，教外來移民的德國女老師帶著她的小嬰兒一塊兒授課，需要餵奶時就休息十分鐘，那些來上課的女同學們也欣然接受老師的狀況。

♥♥♥♥♥

為什麼德國的爺爺奶奶比較不會干涉孩子教養孫子的想法呢（我想一定有例外，在此我寫的是從身邊十幾個家庭所觀察到的現象）？這應該跟德國父母從小就培養孩子的思辨能力、獨立思考能力、為自己生活負責的能力，有很大的關係。

♥♥♥♥♥

我的公婆與周遭友人們的爸媽若帶孫子，多半是在家庭聚會、孩子幼稚園節慶活動時。不過，當兒女們真的忙不過來時，他們也很樂於幫忙帶孫子兩、三天，差別是爸媽和爺爺奶奶間的角色通常劃分得很清楚：

♥♥♥♥♥

老人家退休後，會將生活安排得很精彩，忙公益、發展休閒娛樂、跟老友或老伴一塊兒去旅行……等等，若孩子需要他們幫忙帶孫子幾天，通常要幾個星期前就先詢問過時間上是否可以配合——尊重父母退休後的時間安排，是基本的親子相處之道。

♥♥♥♥♥

亞洲華人的家庭心理層面掛著傳統孝道觀念，要孩子們敬老尊賢，但我身邊有許多友人，都已臨屆中年，卻仍面對著父母以愛為名、因為自身恐懼或其他複雜的心理因素與經歷，繼續挾制孩子，不樂見孩子真正變成大人的情況，間接導致很多已成家立業的大人，即使有自己的伴侶與孩子，仍動不動就會說出「這件事我需要先問過爸媽的想法和意見」這類的話，抑或當自己的雙親過度干涉到教養下一代的界限時，明明很不滿爸媽的干涉，卻只能在心裡不斷累積憤怒與無力感，無法真實表達內心的想法，清楚地對爸媽說：「我知道你們很愛我，謝謝你們，但教養孩子是我們的責任，請你們尊重我們的界限，我們都是成人了，有能力去處理與面對孩子的狀況。」

華人中，有很多人無法順利變成名符其實的大人，其心理歷程，除了與原生家庭複雜糾葛的交疊、焦慮有關外，民族性裡從小就被灌輸要乖、要順著上位者的權威，也是一個主因，因此，要從原生家庭裡真正脫離根源的挾制（身體與心理上的），靠自身的生命去闖盪社會、去歷練生命種種困難與挑戰，比起歐美人來說，困難度真的高很多。

♥♥♥ 德國父母對孩子的尊重，是隨著孩子年齡上的成熟度，一步一步放開對孩子的照顧與付出。♥♥♥

關於德國父母對青少年的尊重，有一件很小的事讓我挺感動的：

我身邊有兩位友人，她們的兒子分別是十四歲和十七歲。在我和先生晚上去約會、看電影時，這兩個大男生會輪流來當恩典幾個小時的家庭保母，但每一回我都忘了直接問大男孩，總是打電話問好友：「妳兒子那天晚上有空來帶恩典嗎？」三番兩回後，好友笑著對我說：「家羽，妳應該要直接打給我兒子啦！妳自己問Lucas，我不能替他回覆哦！因為那是他的私人時間，妳需要自己跟他協調。」

好友Yvonne的兒子滿十七歲了，我看著他從十一歲到現在，長得愈來愈帥，很難想像當初我認識的小男孩最近要開始打工送報了！我問Yvonne：「他不是還在讀高中嗎？怎麼開始利用下午時間去送報？」她對我說：「他想在暑假時跟好朋友出國

YAMAHA
Clavinova

旅行，但我跟他說，我會支持他的旅行，但只能給他百分之三十的旅費，其他的需要他自己打工去賺取，後來他就找到送報的打工機會，目前正慢慢累積旅費中。」

話說回來，若我們能老老實實地正視內心那個沒有長大的小孩，會發現到不能再把責任丟向自己的爸媽了。因與果是連在一起的，一個真心想為自己生命負責的人，活到一定歲數，有了社會歷練，建立了家庭，確實較能以一種成熟有力量的姿態，面對自己離根後的種種；當一個人不想要自我負責，就會無賴地將自己停格在小孩的角色裡，繼續向別人抱怨，這人生的失敗不是他決定的，是爸媽要他這樣做的。

寫到這裡，我不免對自己認真喊話著：「要繼續當一個實踐自我夢想的媽媽，等我到了六、七十歲，恩典要不要結婚、要不要生小孩，我願自己都能尊重他所選擇的路，而我會繼續保持那份自得其樂的個性，健康且豐盛地過好自己的老年生活，繼續旅行、繼續創作，我想這會是我送給孩子最大的禮物了。」

### ・德式慢養手札

※德國的阿公阿嬤較少干涉孩子如何教養孩子，這與他們尊重孩子、放手讓孩子獨立有關。

※教養是父母的責任，不是阿公阿嬤的。

| 1 | |
|---|---|
| 2 | 3 |

1.偶爾帶帶小孫子玩樂可以，但是孫子們的教養仍然是其爸媽的責任。

2.德國老人在退休後將自己的生活安排得很精彩，所以想要爺爺奶奶幫忙帶小朋友，也需要尊重他們的退休時間。

3.德國人從小就積極培養孩子們的獨立自主性。

# Part2

# 孩子的花園——不教算數、寫字的幼稚園

Kindergarten

- 我們是愛的鐵三角
- 重新再上一次幼稚園
- 孩子的老師真心愛他嗎？
- 給小小孩的靜心課
- 森林日是許多德國幼稚園的必修課
- 快樂「玩」一堂音樂課
- 跟著老師手作迎聖誕佳節
- 孩子們，爬樹去囉！
- 一顆足球背後的運動教養哲學
- 德國小孩上小學前一年需要做哪些準備？

# 我們是愛的鐵三角

當我們牽著孩子的小手離開家門，準備將孩子送進幼稚園，代表身為父母的我們要從此踏進另一個更大的世界與視野，孩子則是離開安全保壘，開始被野放到大地，需要將根向下扎進土裡，需要向光大膽張開自己的花瓣。

一天，我去幼稚園接恩典回家，在路上看到恩典的老師Nicole開著車剛好要回家，恩典很開心地向老師揮手道再見。孩子和老師的溫馨互動，讓我心裡滑過一陣陣的溫暖，驅散了德國冬日裡淡淡的灰色感。

兩個月前，Nicole因為休假期間騎馬從馬上摔下來傷到鼻樑骨，不僅引起孩子們的關切，家長們隔天就張羅了禮物及卡片，準備前往老師家去探訪。

兩個星期後，Nicole回來幼稚園上班那天早上，我和恩典特地在路上找了一朵粉紅色野薔薇，準備要送給老師，沒想到的是，一到教室，便看見早餐桌上也出現了其他花朵。

當我們牽著孩子的小手離開家門，準備將孩子送進幼稚園，代表身為父母的我們要從此踏進另一個更大的世界與視野，孩子則是離開安全保壘，開始被野放到大地，需要將根向下扎進土裡，需要向光大膽張開自己的花瓣。

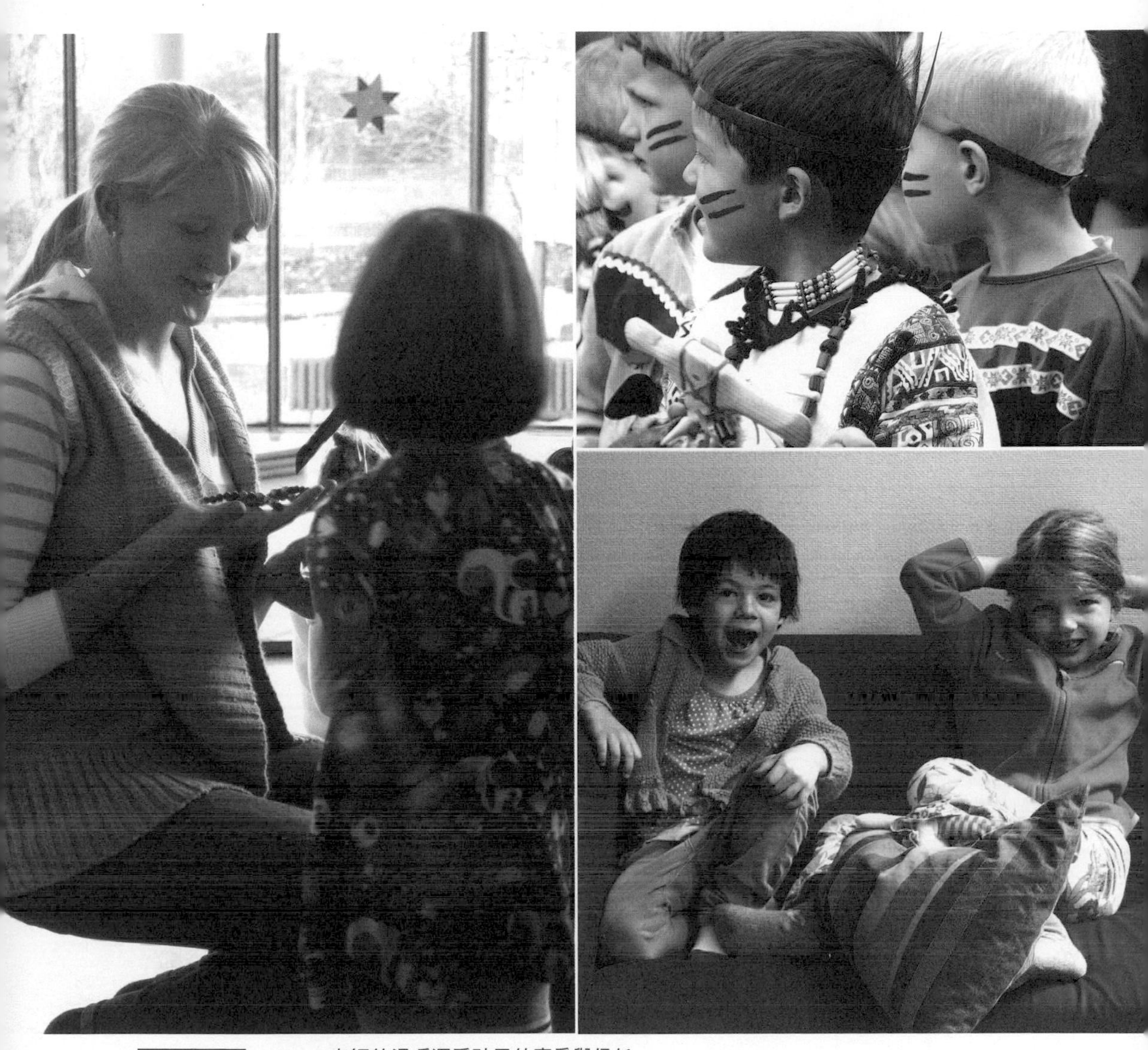

| 1 | 2 |
| --- | --- |
| | 3 |

1.Nicole老師的溫暖深受孩子的喜愛與信任。
2.一場話劇演出，讓我感受到幼稚園老師對孩子們的用心付出。
3.是孩子，讓我們成了彼此的助力。

♥ ♥ ♥ ♥ ♥

是孩子讓我們變成了一個同心圓，同心圓裡有一個愛的鐵三角——父母、幼稚園老師、孩子，這個愛的鐵三角默默地在靈魂裡定下契約：大家說好了，要學習成為彼此的助力！為了孩子，我們要為更大的幸福與健康，共同生活、共同成長著。

♥ ♥ ♥ ♥ ♥

就這樣，這個愛的鐵三角盡力地展現著各自的任務與光芒。

家長們即使工作再忙，都願意積極參與幼稚園的活動。一隻手忙著幫老師們張羅慶生會；另一隻手製作蛋糕，再站在吹著冷風的冬季假日市集廣場中，販售蛋糕並將所有收入捐給幼稚園，為孩子們添購新教具；一雙眼監督把關著幼稚園提供給孩子們的午餐之營養；一顆熱心與其他家長分享著彼此育兒的點滴……。

鐵三角中的老師們，每一個人特長不同，但都恰到剛好地給了孩子不同面向的成長養分。

Nicole念森林教育出身，是個二十八歲的大女孩，有七年的工作歷練，面對一班二十五個活蹦亂跳的寶貝們，她活潑又溫暖的特質，是孩子生活裡的遊戲伙伴兼學習典範。Claudia是年紀較長的老師，年近五十歲的她學手工藝創作出身，面對孩子們的調皮搗蛋，穩如泰山的她總有法子來應付。Fabian是唯一的男老師，念戲劇教育出身的他，彈了一手好吉他，有他在的地方一定有吉他聲，男孩女孩們都愛圍著他，跟著吉他聲哼哼唱唱。

在幼稚園一年一度的夏日歡慶會上，Fabian戴上酷酷的墨鏡，用吉他彈著話劇《彼得潘》的曲子，與孩子們聯手合唱故事歌曲，站在表演區塊前方的數百位家長都十分感動——那一場短短四十分鐘的表演，孩子們穿上角色戲服演出彼得潘的故事，那是幾位老師們花了三個月時間與孩子們反覆排練的成果。

雖然五月的夏日歡慶會早已過了，但那一天的感動，卻驅動我更加積極參與幼稚園生活與關懷幼稚園老師的火力。我永遠記得當天孩子們謝幕時彎下腰向大家致謝的那一刻，也深深感受到——這兩年半以來，不僅孩子們長大了，我們每一個在同心圓裡的大人們也都成長了。

在這一趟學習的旅程中，因為孩子，我們不知不覺成了彼此生命的助力；因為孩子，我們才有機會進入生命的同心圓裡，學習與更多家長、老師互相扶持與鼓勵。這樣一個愛的鐵三角、愛的學習禮物，你收到了嗎？這是孩子送給我們的珍貴禮物。

### ・德式慢養手札

※教育孩子不只是學校的事，從你為孩子挑選第一所學校——幼稚園（也可能你的孩子並未接受所謂的學前教育）——開始，親師之間就牽起了緊密的關係，需要互相溝通、理解、支持，以幫助孩子的成長。

# 重新再上一次幼稚園

二〇一五年九月到十二月中旬，雖然是為了寫書而當義工做觀察，如今再度溫習那段時光，它更像是生命邀請我搭上魔法時空機之門，讓我再上了一次幼稚園，又多過了一個快樂的童年時光。

二〇一五年九月，為了替這本書做更多深入的記錄，在間接得知好友的禪修老師Ursula是路卡幼稚園的園長後，我大膽地跟Ursula相約碰面，提出想到幼稚園當義工的想法。爽朗如大小孩的Ursula二話不說就答應了，說我隨時都能到幼稚園報到。沒多久，我在路卡幼稚園的義工生活就展開了。

一早八點，陸續有家長將孩子帶到幼稚園。小小孩騎著腳踏車跟爸媽一起來到幼稚園後，先將背包掛在自己的置物架上，再向老師們簡短的問聲早安。

之後，大一點的孩子（五歲到六歲）看看空間裡的五個主題遊戲角落（堆積木遊戲角落、服裝角色扮演角落、畫畫美勞手作角落、樂高及桌上型遊戲角落、建構大型創意的角落等），選好後跟老師報備一聲，就和其他同伴去玩了；小一點的孩子（三歲到四歲）通常會在老師的安排引導之下，到不同的角落玩。為時一個半小時的自由遊戲時間，近二十五個高動能的小孩們，加上兩個老師、兩個實習學生，總共近三十個人。

| 1 | 2 |
|---|---|
| 3 | 4 |

1.這一些軟木塞做成的小娃兒，讓我對孩子的創意想像力驚歎不已。
2.路卡幼稚園學習的一角。
3.回收的面紙盒，孩子靈機一動做成水果攤位。
4.充足的自由遊戲讓孩子以體驗式學習增長自信。

起初，這對喜歡安靜生活的我來說，有點兒不太習慣，過了兩週後，我就開始慢慢適應這一首孩子們吱吱又喳喳的合奏曲了。

在自由遊戲時間裡，令人印象深刻的是，我意識到自己坐在孩子動手做勞作的角落時，總會不由自主地想教孩子如何進行下一步，但兩、三回都被園長Ursula及時打住；她從另一桌的角落位置，遠遠傳來清楚的訊息：「家羽，不要急著插手，先觀察孩子，忍一下。」

♥♥ 孩子們有很豐富的創造力與想像力，讓他們自由發揮是很重要的。 ♥♥

幾次將自己熱衷於插一手的雞婆放一旁，靜靜的保持耐心看著孩子們，果然如Ursula說的那樣，孩子們個個如魔法師般變出超級有意思的作品，一個軟木塞做成留著長髮的小女孩、一個準備回收的面紙盒被做成了廣場市集裡賣水果的攤位、一個羊毛線結合紙張做成的流行手提包……。

有時我會想，孩子們怎麼會擁有這般用不完的想像力與靈感？後來，我似乎在觀察路卡幼稚園的生活中，親自解開了這個問題的答案。那天，我的心放下了想要完美表現的欲望，放下了很多刻意「要帶給孩子什麼才是最好」的造作念想，一個人坐在畫畫的角落桌上，拿起一張白紙，沒有特別想要做成什麼成品，就隨性地剪了一條條的白紙，然後在手指上繞成一個小圈圈，就在那一刻，突然一個靈感進來了——這捲捲的白紙可以做成小蝸牛哦！

然後，我開始幫紙上色，弄成一隻隻小蝸牛，結果四個孩子陸續跑過來，跟我說他們也要做蝸牛。接著，創意的風開始吹動，靈感一個接一個，蹦蹦跳跳如頑皮小孩般跑進我的心，很快地，我和孩子們幫蝸牛建了一棟小屋——回收面紙盒變成蝸牛的家，乾燥的葉子是蝸牛客廳裡最美麗的季節地毯。

♥♥♥♥♥

原來，創意的魔法之門，是在一種高度放鬆與自在心境下衍生而出的煉金術；原來，一顆裝滿了計畫的焦慮之心，會堵住創意的聖流。孩子們的心特別純淨天真，並且常常活在當下，他們動手做一件事時，不會去擔心好不好看——重點是好不好玩，這自然讓孩子們比大人更能擁有暢通無比的靈感管道。

♥♥♥♥♥

一個半小時的自由遊戲時間結束後，孩子們相當有次序地各自分工，將所有玩具歸放到原有的小住所，打掃的打掃，分類的分類，大小孩協助小小孩學習整理，小小孩認真地參與團體的生活次序。緊接著的是半個小時的花園運動時間，老師會帶孩子們做些簡單的兒童遊戲及伸展運動。

十一點一到，乖乖洗完手後，孩子們分成三桌，將背包裡媽媽準備好的小點心拿出來放在桌上。身兼禪修老師身分的Ursula，特別在吃點心前放進了一小段的靜心時間，孩子們會在她的聲音引導下，進行兩到三分鐘閉上眼的靜心，過程中都會有不同的孩子輪流去敲頌缽。

在小小孩的餐點時間裡，再度響起吱吱喳喳合奏曲，二十多分鐘的點心時間最後，總會有我最喜歡的分享笑話小時光，孩子們都很踴躍，被老師點到名的孩子會坐到前方的桌子上，自由發揮編笑話，或是分享自己生活上的各種想法與體驗等。

♥♥♥♥

每個小孩都是活寶，每一天、每一刻都笑果不斷。Ursula深懂孩子的幽默天性，在點心時間後特別穿插一小段笑話時光，這種開放性的分享鼓舞著孩子學習發言、與他人分享自己的幽默感，悄悄累積一種幽默看待生活的自在感。

♠♠♠♠

待餐點時間結束，孩子們各自將玻璃盤放回推車。初次在幼稚園看到孩子用玻璃盤時（恩典的幼稚園是用塑膠盤），我第一個念頭是：「要是孩子常打破，那……」但Ursula表示，不能因為怕孩子打破就不讓他們練習拿跟大人一樣的玻璃盤，這與我們想要孩子更獨立時，父母願不願意放手讓孩子自己動手打理生活一樣。「要是打破盤子，掃一掃就好了，培養孩子的獨立自主絕對比打破盤子這件事更重要。」

同樣的觀念也落實在幼稚園的其他大小事上，例如有三歲小娃剛進幼稚園，我就不斷被叮嚀不能幫他們穿鞋子、穿衣服，要等他們慢慢地自己扣好一個個扣子，千萬不要心急雞婆或為了要省時間，而將孩子學習自理能力的機會給剝奪了。

## ・德式慢養手札

⁂ 對孩子的作品過度指導，或是事事代勞，會壓抑孩子的創造力和想像力。

⁂ 照顧自己是人類與生俱來的渴望及本能，孩子其實天生就有生活自理的能力，不能因為怕孩子失敗、做錯、受傷，就完全不讓孩子去體驗。

⁂ 在培養孩子的生活能力時，切忌貪圖一時輕鬆和方便就乾脆幫孩子做，這其實是剝奪了孩子學習的機會。

# 孩子的老師真心愛他嗎？

我私下跟Frau Weiss說男孩偷了另一個男孩紙相機的事，她知道後並沒有去責怪或罵那個小男孩，只帶著他到另一個沒有人的房間裡。小男孩出來後，他一臉的開心。隔天，小男孩一到幼稚園，Frau Weiss馬上就陪在他身旁，看他做小相機。

我決定到路卡幼稚園當義工時，曾有好幾位家長對我說，這所幼稚園是這座城市裡最棒的，這裡或許沒有最好的設備，但Ursula所領軍的老師們，在幼教領域獲得很高的評價。當初聽到這些評價時，我還不太懂家長們的意思，但兩個半月以來看著園長Ursula及Frau Weiss老師在面對各類型孩子所展現的智慧，就漸漸明白了。

Ursula不只是孩子們最親切溫暖的園長，同時也是個嚴厲大禪師，孩子們都很願意接受她的管教。恩典在他的幼稚園碰到與老師有關的問題時，我曾請教Ursula該如何面對及處理，她在回答我的問題前，直指核心地問我：「恩典的老師有真心接納他、愛他嗎？」以媽媽的直覺來看，我認為老師不喜歡恩典。Ursula進一步提醒我：

除非孩子感受到老師們在心裡真心接納他、愛他，叛逆有想法的孩子才可能願意受教。

她這麼一說，不僅讓我很快釐清了恩典面臨的處境，也親眼目睹她是如何跟團體裡最皮、最好動的孩子相處得順暢無礙。這裡的每個男孩及幾個小女孩，對我來說都彷彿是頑皮好動的恩典的翻版，但Ursula就是有辦法搞定他們！看到小男孩們組成救火隊在演戲，她馬上靈機一動，從花園裡找來兩條水管，加入孩子的陣容，也開始救起火來；當男孩跟男孩發生了衝突，比較愛哭的小男孩很快地躲進她懷裡大哭，她安穩的如一座山，讓孩子盡情宣洩，一邊緩緩地跟另一個小男孩溝通著衝突的點滴。

記得有一回，兩個小男孩吵著不再當彼此的好友了，她馬上就在「晨圈」運用這個狀況跟孩子們對談，丟出問題讓孩子們去思考，看著他們發表不同的意見，Ursula借機轉好幾個彎，引導孩子思考朋友的意義——原本的一場小風暴，成了送給孩子們的最佳生活題材。

另一位老師——Frau Weiss，在處理小男孩們的問題上也很有經驗。

一次，有個小男孩偷了另一個小男孩用紙做成的相機，弄得對方哭很久，到了隔天，紙相機就被我在某一個角落發現，後來當那個小男孩又準備去偷相機時，被我發現了。我私下跟Frau Weiss說了這件事，她知道後並沒有去責怪或罵那個小男孩，而是帶著他到另一個沒有人的房間裡。小男孩出來後竟是一臉的開心，隔天，他一到幼稚園，Frau Weiss馬上就陪在他身旁，看他做小相機——這一幕真的讓我很感動。

♥ ♥ ♥ ♥

要改變一個孩子的錯誤行為，用罵和打的方式，反效果會加乘，但如果真心去瞭解孩子，明白他們錯誤行為背後的動機，不去責怪，而是單純瞭解孩子的渴望或想法，當孩子先被接納了，自然會知錯。

♠ ♠ ♠ ♠

偶爾，當我再翻開那段跟孩子們一起生活的兩個半月美好回憶，總會想起，每天的十二點到一點，是孩子們在花園裡跑跑跳跳的歡樂時光：他們爬樹、建房子、玩扮家家酒與踢足球……，用所有最簡單的素材搭起樹後方的祕密基地；在這段自由跑跳的時光裡，我常被一群孩子包圍住，要我追著他們跑；要我一定要跟他們玩捉迷藏；他們一個個坐在大樹旁要我推鞦韆；他們將兩隻腳倒掛在桿子上露出野猴子般的笑臉，一顆頭在快接近地面的地方晃啊晃，不氣不喘、高分貝地喊著，得意地要我看：

「家羽！妳看我很厲害對不對？」

我總是無法忘懷，在秋天結束之前，跟著老師、家長與孩子一塊兒去採蘋果的甜美回憶；我也記得一年一度的幼稚園節慶日，那一天，全體家長總動員，在花園各個角落裡為孩子及前來參加節慶的朋友用心規劃設計的遊戲攤位；我們一起花了很多很多的時間，和孩子們一起做聖馬丁節的提燈，當聖馬丁節那晚來臨，在月光皎潔的夜晚，我們和孩子、家長提著燈唱歌，繞行在市中心的街道巷弄裡——恩典和先生也在行列裡。那一份親子共享的溫馨回憶，讓人再也記不起養育孩子的辛苦，反而是由衷地感謝上天讓這些小天使成為我們生命的寶貝。

Tip 1

關於兒童肖像權，大部分的德國幼稚園都對孩子的照片公開在網路媒體上很謹慎小心。恩典兩歲多進幼稚園時，我就因為工作的關係，被幼稚園要求簽下兒童照片保護權的約定。此外，許多父母即使經過詢問，仍不願意孩子的正面照片在網路上曝光，為了保護私人生活，也為了避免被不正當使用。基於此，本書的照片以孩子的背影、側面或遠鏡頭拍攝為主，大人的部分則都是入鏡者

1.Ursula帶孩子與家長採蘋果！
2.在花園裡的自由遊戲時間。
3.路卡幼稚園有一群用心積極參與的父母們。

授權允許才拍攝的。本書除了使用恩典的照片，也使用了幾位好友們孩子的相片，全都經過友人同意。

Tip 2

德國的幼兒教育工作者（Erzieher）不叫「老師」，本書中大多以老師稱呼，方便讀者瞭解。

### ・德式慢養手札

※幼稚園不是只教孩子乖乖聽話、守秩序的地方，更要配合孩子的成長步調，用合適的方式幫助孩子成長、探索世界，擁抱快樂的童年。

※德國的學前教育不會忽視孩子愛玩的天性，幼稚園的課程主軸多半是透過遊戲、活動來引導孩子學習，培養孩子主動探索的能力。

※當孩子和幼稚園老師的相處出現問題，不要光責怪孩子調皮、不受教，別忘了觀察老師是否愛孩子、懂孩子、尊重孩子。

# 給小小孩的靜心課

孩子們常在靜心後興奮地跟Ursula分享感受，有的孩子說心跳熱熱的會跳舞，有的孩子說靜心時耳朵變得特別癢，很想去抓，有的孩子說靜心時心裡好不耐煩，因為時間走得那麼慢……。

我參加的瑜伽師資訓練裡，帶領的兩位老師本身都有相當長時間的內觀禪坐經驗，她們也將瑜伽和內觀禪坐結合在課程的練習中。

說到禪修與禪坐，許多人會直接聯想到佛教，然而定居德國八年，我卻發現到，東方禪修之風不僅延燒到德國各大小城市的瑜伽中心，還走入了教會！小姑的女兒受洗的基督教會開設了一系列的父母禪修內觀工作坊，我參加過的某基督教會機構的斷食營，在九天的斷食生活裡，每一天都有三次的禪坐……。基督教團體裡融合的禪坐，與內觀禪坐的不同之處，在於老師通常會在禪坐前帶領大家唱詩歌，之後與大家一起禱告，接著才正式進入禪坐的練習。

路卡幼稚園園長Ursula曾對我說：「很有趣吧！在基督教會裡上禪坐課，甚至還為新手父母開設禪修內觀工作坊！」她個人修習禪坐二十多年，除了幼稚園園長的工作，也在瑞士及教會團體裡擔任禪坐老師，她甚至還將禪修內觀帶進幼稚園裡，跟學齡前的小孩們一塊兒每天練習呢！在路卡幼稚園裡，十一點鐘是小朋友們做完戶外運動，洗手準備吃點心的時間，二十五個孩子分坐成三桌，在享用點心的前幾分鐘，Ursula會帶領孩子們進行一個小小的靜心儀式——

每天輪流讓兩個小朋友站在教室裡的靜心樂器（西藏頌缽、大銅鈴）前，等全部的小朋友都安靜下來後，園長會引導他們閉上雙眼，並將小手手放在雙腿上，接著安靜地享受兩個小朋友敲擊的靜心樂音。等樂音靜止後，有時Ursula會繼續引導孩子去感受窗外的鳥聲與雨聲，有時是邀請孩子將雙手放在心房上，要他們聽聽自己的心跳聲，有時則邀請孩子將小手放在肚子上，想像肚子是顆氣球，在呼氣與吸氣之間，那氣球也跟隨我們的呼吸變化著……。

三歲到六歲的孩子學習靜心，時間通常不會超過兩分鐘。他們常在靜心後興奮地跟Ursula分享感受，有的孩子說心跳熱熱的會跳舞，有的孩子說靜心時耳朵變得特別癢，很想去抓，有的孩子說頌缽和大銅鈴的聲音在安靜的時候聽起來特別好聽，有的孩子說靜心時心裡好不耐煩，因為時間走得那麼慢……，坐在桌旁當義工的我，則發現每一個小朋友敲打樂器的方式都很獨特，明明用的是同樣的樂器，但每天的樂音聽起來都是一首新曲。

當禪修走進幼稚園，融入到孩子的生活，有助於讓孩子觀察自我感覺的變化。Ursula說——

♥♥♥♥

靜心練習裡，根據孩子們不同的心情分享，可以進一步瞭解到他們內心世界的情感面，讓我們可以從中跟孩子進一步的對話，引導孩子去跟各種情緒做朋友。

♥♥♥♥

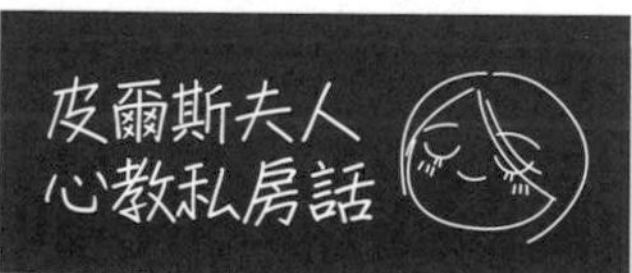


## 親子靜心小妙方

親子的靜心，是為了找出孩子的特質，可以是跳舞、禱告、畫畫或唱歌。親子靜心是多樣化的、可動可靜，小小孩的靜心比較不可能像大人那般靜定、禪坐，但仍可以在家庭生活中穿插一些小方法試試看，例如飯前來個小禱告安靜半分鐘，也可以在睡前帶孩子一塊兒靜心禱告或放輕柔的音樂，讓孩子學習慢慢安靜下來。對於喜歡唱歌的孩子，父母也可以多與孩子一起唱誦，配合身體自由的舞動，孩子會打開自己更親近父母。

對將禪修帶進幼稚園二十多年的Ursula而言，「禪」就如同回到安靜裡，與神再度合一，回歸神平安的居所。路卡教會對禪修的態度相當開放及尊重，她很感謝有這樣一個環境，可讓她將禪修帶進幼兒教育工作裡。

「德國的教育體系比起其他國家完善很多，但可以努力的空間還很大，如果我是國中、小學的校長，一定會將禪坐、內觀放進孩子們的學習計畫中。」禪修之於教育的一大思考點是：父母們教養孩子時，應把孩子的品格教育放在智識的成績結果之前；孩子的品格與人際關係的發展，除了影響到他們對生命的獨立思考與判斷力，更直接關乎到他們終其一生內在心智健康的和諧度。

在高科技快速多變的生活型態中，現代人的生活環境複雜得多，如果大人沒有從小帶領孩子在心智方面做訓練，孩子在長大成人後面對高度的壓力或挑戰時，一定會迷失或痛苦茫然。

Ursula認為，「如果讓孩子從很小就有一些自我覺察的小練習與鍛鍊，他們長大成人後碰到壓力或挑戰時，一定會更有能力去處理與轉化。」

以成績來評量孩子的成長學習，不是一個最完善健康的教育機制，畢竟每個孩子是那麼獨一無二、與眾不同，一個很會踢足球的孩子可能數學會考鴨蛋，一個無法在課堂上專心念書的孩子卻可能擁有極高的繪畫天賦……。

教育的責任應該是去挖掘每個孩子的特長，身為家長及老師的我們需要學習引導他們的潛能，幫助孩子走向屬於自己的舞臺，讓他們在離開校園後，能夠帶著自信及健康的身心進入社會與家庭生活。

### ・德式慢養手札

※在教養的過程中，協助孩子覺察和認識自己的情緒及感受，並學習如何面對，是不可或缺的一部分。

※教育是接受孩子的不完美與獨一無二，引導他們的潛能與特長，讓孩子能自信健康的成長。

1.靜心讓我們的心靈有了一隅的祥和。

2.孩子從小在生活裡練習靜心，欣賞大自然也是禪靜的一個入口。

# 森林日是許多德國幼稚園的必修課

唱完後，老師反問孩子們：「除了唱歌，你們還有沒有其他方式可以問候森林呢？」有的孩子說想要用手牽手一直繞圈圈，有的孩子說想要不斷彈跳來表示問候，有的孩子則說：「我們可以一直親森林啊！」

二〇一六年四月，我們從幼稚園老師手中收到一張通知單，上面寫著：「夏天到了，幼稚園將每週為孩子們提供森林日的教學活動。」大家知道是由念森林教育的Nicole老師來主導森林日的戶外教學活動，都樂見其成，因為孩子們將會有一趟趟別具意義的森林日。

與森林日的兩位老師協商過後，我終於有機會跟著孩子們一塊兒參與森林日戶外教學。

森林日的戶外教學分為兩組，每一組各有十個孩子，每週由其中一組參加。

當天，兩位老師帶著十個小娃兒到電車站前等車，經過十五分鐘左右的車程後下車。一路上，老師一再叮嚀孩子們要兩個兩個成行，手要牽著同組的伙伴，我發現這樣的兩人同行成一小列的次序，真的比較安全又方便老師們管理。只不過，就在我們步行到距離森林入口前五百公尺處時，孩子們開始脫隊了，一個個興奮地奔向森林，這時，我聽見Nicole及Fabienne老師不急不徐地大聲對孩子們說：「可以跑，但到了森林的藍色入口標誌前，要停下來等大家到齊哦！」

我們進入森林時是早上九點鐘，老師先讓孩子們坐在森林的樹幹長凳上吃早餐，結束後，老師邀請孩子們圍成一個圓圈，唱起問候森林的歌，唱完後，老師反問孩子們：「除了唱歌，你們還有沒有其他方式可以問候森林呢？」有的孩子說想要手牽手一直繞圈圈，有的孩子說想要不斷彈跳來表示問候，有的孩子則說：「我們可以一直親森林啊！」

在孩子們分享過天馬行空的問候方式之後，老師要他們閉上眼睛去聆聽與感受森林的聲音。

接著，老師問孩子們，聽到了什麼？森林裡住了哪些人類的好朋友？每個孩子都十分踴躍地想要發表自己的觀察心得。森林日的開場，老師帶領孩子們認識森林的方式，也讓我像孩子般重新學習該如何親近森林。

緊接著，孩子們在老師的帶領下穿過森林的蜿蜒小徑。在大樹的小洞裡，老師與孩子近距離觀察無殼鍋牛的慢慢移動；在枯老腐朽的樹幹旁，小朋友找到黑色瓢蟲，便將牠們放在手掌心上，體驗瓢蟲爬在手心上的搔癢感。

當大家來到森林的中央，老師邀請小朋友收集掉在地上的枯樹枝，要一起打造一座環形的森林沙發。老師一下口令，孩子們在撿拾樹枝的同時，即興創意也開始登場，有的人拿起樹枝當魔杖變身成女巫，嘴裡開始喃喃念出一長串的魔法咒語；有三個孩子一塊兒騎上了樹枝，將它當成飛上天的魔法掃把……，在半個小時的總動員下，森林沙發就在十個三到四歲孩子的嘻笑與魔法故事聲裡完成了。

當大家圍成一圈，坐上了森林沙發，我站在前面為老師與孩子們按下快門的那一刻，心裡滿是感恩，感激用心的老師們在幼稚園繁重的工作之餘，仍願意用心為孩子們規劃一系列寓教於樂的課外教學，連當爸媽的我們也收獲良多。

♥♥♥

森林日的教學活動，讓孩子們學會如何尊敬大自然，以不過分打擾的方式進入森林，而孩子們也在森林裡認識了各種動、植物……。

♠♠♠

當然，別忘了還有森林的「再生之旅」，不論是老師們引領孩子運用枯樹枝建造的小屋或沙發，或是那些被帶回幼稚園的枝條，老師讓孩子們各自塗上自己喜歡的顏色，就這樣，孩子們擁有從森林童話裡尋回的第一根森林魔法杖。

### ・德式慢養手札

⁂「人要熱愛環境，才會保護環境。」德國許多幼稚園都會把環境教育視為重要的教學內容之一，許多學校會透過每週一次的「森林日」帶孩子們去附近的森林裡認識動植物、探究其生長過程，感受四季的變化，並透過一些遊戲、活動，讓孩子們更深層的感受大自然。

⁂透過身體與大自然的接觸，讓孩子對大自然產生興趣，除了能給孩子健康的生活方式，也能引導他們感受人與大自然相互依存的關係。

| 1 | 2 |
|---|---|
| | 3 |

1.老師帶著孩子以不過分打擾森林的方式進入大自然。
2.孩子們坐在以樹枝建造而成的森林沙發上。
3.森林日是孩子們近距離觀察動植物的學習日。

# 快樂「玩」一堂音樂課

音樂課的主題是「鳥」，小朋友們分成兩組，一組趴在地上唱出小鳥的吱吱聲，另一組負責飛行到外頭去覓食，兩組輪流體驗樹上鳥兒鳴唱的歡樂，以及覓食、飛翔的雀躍。

每週一與週二經過幼稚園的運動中心，隔著玻璃窗看音樂老師Betina與孩子們的活潑互動，我貪心地想像自己變成小小人兒，偷偷鑽進教室裡去看、去聽，究竟是一堂什麼樣的音樂課，可以讓孩子們的眼睛這樣閃閃發亮？

在恩典興奮地分享音樂課的種種後，我終於在老師的首肯下，光明正大地坐進運動中心的板凳上，在孩子「音樂晨圈」後方五公尺處，享受一堂孩子們的音樂課。

這一天的音樂課主題是「鳥」，老師具有音樂律動治療的背景，所以音樂課裡也結合了律動、戲劇和畫畫。一開始，小朋友們分成兩組，一組趴在地上唱出小鳥的吱吱聲，另一組負責飛行到外頭去覓食，兩組輪流體驗樹上鳥兒鳴唱的歡樂，以及覓食、飛翔的雀躍。一聽到可以在天空飛翔的孩子們，個個如活跳跳的小精靈，快樂與奮地滿場跑，但聽到老師「噓」了一聲，就立刻乖乖回到「音樂晨圈椅」坐下。接著，老師問他們當小鳥的感覺，每個孩子都等不及地要說說自己的感受。

小鳥飛行練習結束後，老師從大鈴鼓裡拿出一根根美麗的小羽毛，被唱到名的小朋友來到老師面前，老師讓小羽毛從空中落下，要他們練習用身體的敏感度去迎接小羽毛，將小羽毛放在手心上，細細感覺羽毛的重量，也將羽毛輕輕往臉上搔搔癢，有的孩子將小羽毛放在地上輕輕吹。老師說：「這是我特別送給大家的關於小鳥的第一份小禮物，每個人都可以帶回家放在自己的床頭或櫃子，或送給爸爸媽媽哦！」

音樂課後半段，老師將所有小朋友聚集到長木凳上排排坐好，接著在地板上放了鈴鼓、小笛子、小鐵琴等十多種小樂器，然後說：「小朋友們，這一次要當安靜聆聽的小鳥！我是大鳥媽媽，要開始唱歌給你們聽！」

老師一邊唱，一邊結合不同的樂器，一首曲子約兩分鐘長，每個孩子竟專注、安靜到連空氣流動的聲音都彷彿聽得見！後來，老師將所有樂器擺成一個半圓形，讓孩子們依喜好到自己喜歡的樂器前坐下，這回換成老師重複唱剛剛的歌曲，改由孩子來吹奏樂器。

圓滿演出後，老師要孩子們將樂器放到地板中央，沒想到孩子們一一放回地板的圖形，竟意外形成有光芒的太陽！

Betina對我說，她帶孩子上音樂課已經有二十五年了，常常在音樂分享的過程裡，收到好多孩子們給的意外回饋。這個音樂太陽圖形不在她的課程計劃中，但這一堂課裡孩子們的和諧與喜樂，自動引出了許多美妙漣漪。一小時的音樂課猶如一首曲子，好動的孩子們不可能乖乖坐在板凳上刻板學音樂，而這曲子有一靜一動互搭、有一唱一舞互調、一曲一吹互鳴，曲子裡的起承轉合有高有低，順應了孩子們身體的自然律動節奏。

這堂音樂課讓我收獲良多，Betina老師那天特別對我說：

學習音樂不是為了讓孩子成為頂尖音樂高手或天才，而是讓孩子慢慢打開他們的專注力與聆聽力，而那些集中在身體上的滿滿精力，也能透過孩子們唱歌、身體律動、玩樂器的學習過程得到釋放，讓身心整體慢慢邁向更平衡、和諧的正向發展。

孩子們能有這麼棒的音樂老師，家長們都很感激。後來，我們從Betina老師口中得知，這個由音樂學校進駐到幼兒園的音樂課，家長完全不需要付費，因為我們這座城市出了一個特別熱愛音樂的市長Johannes Arnold。

市長本身就是音樂學校的學生，喜歡學習不同的樂器，透過在音樂興趣上的滿滿收穫，他用心規劃出這個福利，讓每個孩子在滿四歲到六歲之間，都可以在幼稚園免費獲得學習音樂的平等機會。知道這個訊息，我心裡除了感謝，還生出許多感動。

市長的心願鼓舞著孩子們的音樂翅膀，他們在Betina美妙的歌聲裡飛翔，也在課堂最後畫上五彩繽紛的音樂鳥，為音樂小小殿堂譜上完美的驚嘆號！

### ・德式慢養手札

※德國幼稚園的音樂課，不是為了讓孩子學會技巧，而是將重心放在利用唱歌、跳舞、玩樂器，來訓練孩子的肌肉、專注力、感受力，甚至進一步釋放精力與情緒，他們關心的是如何讓孩子快樂地玩一堂音樂課。

| 1 | 2 |
|---|---|
| 3 | 4 |

1.一根小羽毛被老師吹起，孩子們專注地想捕捉小羽毛的蹤跡。
2.Betina老師帶領的音樂課結合了唱歌、律動、戲劇及畫畫。
3.音樂課最後，每個小孩為小鳥塗上繽紛的色彩。
4.孩子們圍成一圈坐在地板上，學鳥兒歡唱的聲音。

# 跟著老師手作迎聖誕佳節

用紙做成的房子與聖誕樹，裡頭放入燭杯點上蠟燭，還有孩子們做的薑餅小人兒。老師細心地帶我參觀孩子們在十二月參與的聖誕手作品，這一個短短的咖啡時光，讓我有機會體驗到孩子們在聖誕降臨期快樂成長的過程。

降臨節（Advent）是基督教的重要節期，主要是為了慶祝耶穌聖誕前的準備期與等待期。降臨期（Adventszeit）始自聖誕節前四週，可以從十一月三十日之主日算起，直到聖誕節。

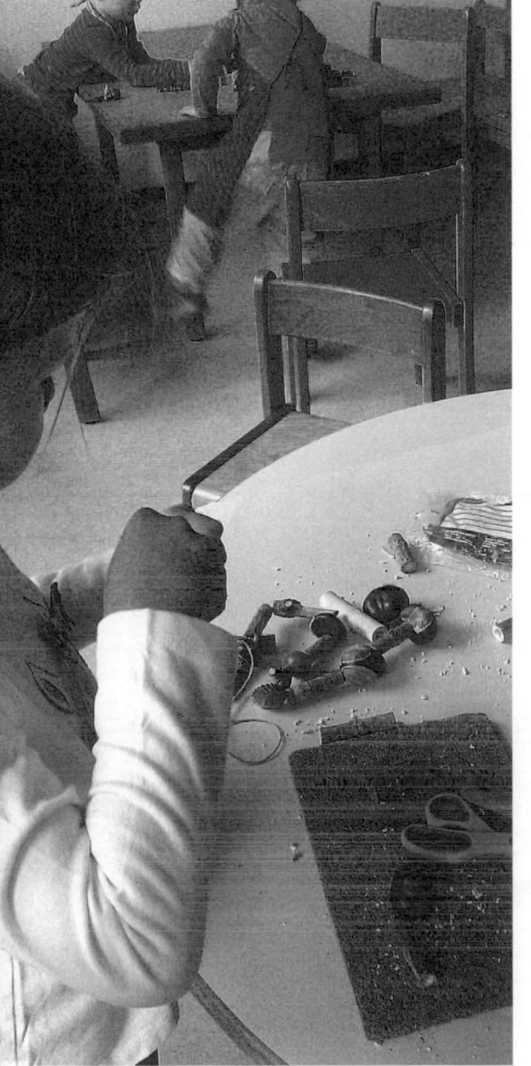

大量的手作生活是德國幼稚園孩子的學習主項。

十一月底，降臨期來臨時，為了迎接佳節的到來，德國大大小小幼稚園的老師都會精心為孩子們規劃一連串聖誕手作生活，讓孩子們充分感受濃濃的聖誕節慶意義，而家長們，則從一大早帶孩子進幼稚園教室的那一刻開始，就能體會到聖誕節前的特有溫暖節味。

降臨期的第一個星期，率先登場的是孩子們最期待的——聖誕倒數月曆（Adventskalender），每一間教室的老師都可以自行發揮創意來設計今年要給孩子們的聖誕倒數月曆。不管是將二十四份小禮物弄成糖果般掛在牆上，或是一包包小禮物掛在聖誕老公公的大鬍子下——因為聖誕倒數月曆是要給小朋友的驚喜，大多由老師們在孩子回家後，花了幾天的下午時光共同完成的。

同樣在降臨期第一個星期上場的，還有聖誕環冠（Adventskranz），除了可由園方統一購買外，也盛行老師帶著孩子們一塊兒用從森林裡收集來的松果及乾燥果實，配上風乾橘子片、肉桂條編織在旁，師生一起共創聖誕手作樂。

提到降臨期的聖誕手作，令我印象深刻的還有高掛在半空中的老樹枝條，孩子們在老師的引導下將象徵聖誕佳節的小卡片一一掛上；每一回走進恩典的教室看見這個手作品，總會令我駐足停留。此外，手巧的老師們還自行設計了一款小星星的掛燈、桌子上的小薑餅，加上玻璃蠟燭杯……，孩子們圍著圓桌吃早餐時抬頭一望，盡是有關降臨期的點點創意。

之後，我收到了幼稚園的來信，邀請家長一起在降臨期第三週的某個下午到學校參加降臨期咖啡聚會。

這天，每個家長各自帶了自己手作的糕點前來，幼稚園的老師們則早就在餐點桌上放好熱咖啡與熱茶。我們一行人共十多位家長，被邀請到運動中心，一進去便看到孩子們圍坐成半圓形，而三位幼稚園老師及兩位實習生就穿插坐在孩子中間，其中一位男老師彈著吉他，孩子們隨著吉他伴奏聲歡樂地高唱了五首與聖誕節有關的歌曲，接著我們又從孩子的手上，接下老師帶孩子們一塊動手做的蘋果果醬聖誕小禮物。

幼稚園為家長籌辦的降臨期咖啡聚會，讓我們深深感受到老師們的用心與創意滿滿，咖啡聚會的桌上擺滿了孩子的手作品：用紙做成的房子與聖誕樹，裡頭放入燭杯點上蠟燭，還有孩子們做的薑餅小人兒。老師細心地跟我們聊到孩子們在十二月參與聖誕手作的點滴，這一個短短的咖啡時光，讓我有機會體驗到孩子們在聖誕降臨期快樂成長的過程。

♥ ♥ ♥ ♥ ♥

德式的聖誕風味對我來說總是充滿魅力，它深深迷惑我的地方，來自德國人不會在聖誕節慶來臨時，一窩蜂向大賣場報到，買現成的商品。德國人愛動手過節日的習性，不只讓過節變得好玩又豐富，更讓孩子們從手作的過程裡，真正理解聖誕佳節的非凡意義。

♠ ♠ ♠ ♠ ♠

### ・德式慢養手札

※為了讓孩子體驗生活，無論是復活節、萬聖節或聖誕節，在各大節日裡，德國幼稚園多半都會用心準備相應的活動，並邀請孩子和爸媽同樂過節。

| 1 | 2 |
|---|---|
| | 3 |

1.一場降臨期咖啡聚會，讓我體會到德國幼稚園對家長們的用心付出。

2.老師們將聖誕倒數月曆小禮物掛在聖誕老公公的大臉下方，十二月一開始，每個小朋友都有機會打開聖誕倒數月曆的小禮物。

3.星星燈是恩典的幼稚園老師的創意聖誕手作。

# 孩子們，爬樹去囉！

在我們家附近的遊戲廣場裡，一棵棵樹上常常會掛著不同的孩子，而且爬樹可不是小男生的專利，小女孩們也不遑多讓。

恩典讀的幼稚園旁有一座小型公園，公園裡有好多大樹環繞。自從恩典在三歲後學會了爬樹，每當我在遊戲廣場看不到人時，只要往樹林的方向找，很容易就能發現他的行蹤。

隨著恩典的個子愈長愈高，他也能爬更高大的樹。這一天，他爬上了大樹，我坐在樹下享受地看著他開心的模樣，沒過多久，我眼前的另一棵大樹下來了三個十歲左右的男孩，他們手上拿了很多樹枝，爬上樹後，放進一個大巢穴。我實在太好奇，忍不住問他們到底在做什麼，三個孩子興奮地對我說，他們在建自己的樹沙發——這個沙發大概花了快一年，才慢慢弄起來的。我接著問：「沙發建在樹中間，坐進去會穩嗎？會不會危險？」

男孩們很有把握的說：「不會啦！我們試過很多很多回了，真的很穩固！」他們三個人常在放學後，跑來樹沙發這邊聊天。

聽著男孩們對於共同ＤＩＹ成功建了一個樹沙發的自信與熱情，再轉頭看看恩典正在樹上開心地玩著、歌唱著，我心裡有一份很深的感觸：這些能夠自由爬樹的孩子們好幸福啊！

孩子們在大自然裡開心做自己，還能發揮無限創意與想像力。大人們究竟能夠送給孩子們什麼樣的生命禮物？我真心覺得，就是還給孩子們一片森林原野，讓孩子在那裡簡單成為他們自己，擁有那一段自由快樂的時間。

德國景觀設計專家Herr Dr. Schemel在談到「為什麼孩子們需要在大自然裡玩？」這個議題時說到，德國有超過十二萬座遊戲廣場，但若可以多帶孩子走向森林、迎向大自然，會比只待在遊戲廣場有意思多了！

隨著科技化時代的來臨，愈來愈多的孩子把課餘時間耗費在看電視、玩電玩上，Herr Dr. Schemel認為這是很可惜的事——

♥ ♥ ♥ ♥

「當孩子走進森林，置身於大自然中，他們會產生很深刻的衝動，開始大量的身體移動，開始發揮想像力。大自然才是孩子最好的房間，因為它讓孩子進行自我挑戰，獨立去做一些事情，培養他成為一個具有創造性的人。」

♥ ♥ ♥ ♥

當孩子們在大自然裡玩耍，並不是在消耗。孩子的天性就是玩耍和冒險，若沒有到達一定程度的冒險，他們便會開始覺得無趣，而自然界中有相當多元且令人感到興奮的天然元素，草地、森林、灌木、水、丘陵等等，「自然」意謂著「沒有複製」，有哪一棵樹會跟另一棵樹長的一模一樣？而當老樹倒下的那一刻，它也不需人們的悼念，它只是回歸本質，繼續以「另一種形式」提供它的氣息與美麗。

到底爬樹對孩子的影響是什麼呢？

恩典的幼稚園音樂老師有一回向我提到，在一群小朋友一塊兒學小毛驢的步伐時，她發現恩典的雙腳和雙臂有一點不協調。當我想要瞭解是否有什麼方法可以改善時，她竟然問我有沒有讓恩典多爬樹！爬樹是恩典的最愛，所以我好奇的問她：爬樹對孩子到底有哪些影響？

♥♥♥♥

透過攀爬的過程，孩子的身體會進行一場敏捷性、力量運用、協調性、耐力和平衡的學習，而且還需要高度的集中力，此外，爬樹可以讓孩子們學習克服恐懼，對自我更有信心。

♠♠♠♠

「在我那個沒有電腦與智慧型手機的年代，幾乎每個小孩都會爬樹。」音樂老師有點憂心的提到，根據德國野生動物基金會的調查統計，目前德國四歲到十二歲的兒童中，有近百分之五十的孩子還未爬過樹，這個報告反映出：

♥♥

在高科技生活中，將有愈來愈多的孩子逐漸成為「自然缺失症」一族。

♠♠

現代兒童和大自然的距離，真的愈來愈遠了！隨著電子媒體的影響力與日俱增，我們的生活將面對更多的誘惑，愈來愈多父母為了省時方便，選擇讓孩子留在家裡，成了在虛擬世界中長大的電子兒童。

為了面對這個趨勢，我試著去瞭解德國社會和生活中，有哪些支持與可能性能與此做抗衡。舉例來說，我發現德國的森林幼稚園數量日益增加，目前已超過一千四百多所自然幼稚園，都訴求讓孩子有更多時間沉浸在以自然素材為

皮爾斯夫人心教私房話

## 讓孩子和大自然做朋友

與孩子一起認養一棵樹，成為一棵樹的終生照顧者；在孩子生日時，選擇一個可以種樹的土地，跟孩子舉辦種樹慶生會，並可以送參加慶生會的孩子們一個小盆栽，讓孩子帶回去學習照顧植物。除此之外，還有讓孩子和大自然做朋友的許多方法，我們可以不定期地跟孩子一起觀賞適齡的大自然議題兒童影片，觀賞完後，聽聽孩子對大自然的見解與想法，也跟孩子們分享我們的體會。當然，與孩子前往大自然來趟大小旅行，都是讓孩子學習與大自然相處的成長資糧。

主的學習環境中。德國目前相當蓬勃發展的森林教育（Waldpaedagogik），也有更多家長與幼兒教育工作者投入，恩典的幼稚園老師Nicole就受過森林教育的訓練，她將所學融入幼稚園裡，夏天的每個週三都會親自帶孩子進入森林做「森林日教學」。

家長可能擔心孩子要是爬樹會有發生危險的疑慮，其實德國有相當完善多元的爬樹學校、攀岩學校，讓小孩、大人在具備安全配備與常識下進行攀爬冒險之旅；至於小孩子在生活中爬樹這件事，每個家長或幼稚園的處理態度不一，但我周遭的親友們大都跟我一樣，給孩子滿大的「野放」空間。

| 1 | 3 |
|---|---|
| 2 | |

1.不論大人或孩子，都可以回歸森林學習大自然的智慧。
2.森林裡有豐富的原始素材，孩子們用森林的老樹枝搭成一座小屋子！
3.爬上樹的恩典自信地對媽媽說：「媽媽，妳看我站得很高耶！」

在我們家附近的遊戲廣場裡，一棵棵樹上常會掛著不同的孩子，而且爬樹可不是小男生的專利，小女孩們也不遑多讓。

在我當義工的路卡幼稚園裡，孩子們在戶外玩樂時間一定會去爬樹，園長對我說，能夠爬樹讓孩子們很開心，而且園內這棵樹的高度不是太高，就算孩子不小心掉下來，也不會有過度的危險；不過，冬天時樹枝會變得乾燥易斷裂，幼稚園就會禁止孩子們爬樹了。園長表示，適度的冒險與挑戰，對孩子的身心都會有正面的影響，何況他們會評估好安全性——

♥♥ 該放手給孩子的冒險空間，大人要學習放手。♥♥

陪著恩典時，總會勾起我自己的童年回憶。我很慶幸自己在七歲上小學前，曾在鄉下跟阿公、阿嬤一塊兒擁有一段鄉野時光，那時的我好快樂，爬樹、到溪裡找小魚、在田裡挖菱角、跟阿嬤到河邊洗衣服、在阿公的稻田裡跟朋友玩躲迷藏；此外，阿公的一大片番茄園裡有一小方我的祕密基地，每天早晨雞啼後，我就會自然清醒，起床後跑到豬舍看豬兒們，順道餵牠們吃東西，還有還有，阿公家後院還養了鴨子和雞群，每晚我都會打開阿公的小紙箱，跟一群小黃鴨對望很久很久，捨不得上床睡覺……。在鄉下生活時雖然只吃白飯配醬油，但這一段美好童年的一幕一景，從沒離開過我的內心，成了我一生最美麗的生命養分。

擁有一個在自然鄉野中快樂生活的童年，在我那個年代並不是太困難的一件事，但在物質化、高科技化時代下生活的我們，真的需要更大的智慧與行動力，攜手保護孩子的童年，讓他們可以過一個親近大自然的童年，讓孩子跟著我們回歸到大自然裡，在那裡盡情奔跑、狂野、冒險、探索，去感受風兒與樹影的親密對話，去學一隻野鳥唱歌的聲音，去擁抱一棵大樹並聞聞它身上的氣息，去森林裡跳舞，想像著自己是擁有超級厲害魔法的大自然精靈！

### ・德式慢養手札

※除了發洩體力、放鬆外，透過爬樹可以讓孩子訓練敏捷性、力量運用、協調性、耐力、平衡，以及專注力，甚至進一步學習獨立、克服恐懼，用更高的視野、立體空間觀來思考事情，讓心變得更開闊。

※在大自然洗禮下長大的孩子，很自由、很有創意，通常也會很有勇氣。

# 一顆足球背後的運動教養哲學

德國人對孩子運動教育的養成，有一套循序漸進的計劃：小孩子從兩歲開始，就可以以滑步腳踏車跟著爸媽外出；上幼稚園後，三到四歲的孩子也會以滑步腳踏車跟著爸媽前往幼稚園；五到六歲的孩子學會騎腳踏車了，就可以跟著爸媽一起騎腳踏車到幼稚園。

二〇一四年七月十三日，距離一九九〇年在世界盃足球賽中奪冠後，睽違了二十四年，德國終於再度站上冠軍寶座。

四年一回的世界盃足球賽總會引起全球足球迷瘋狂騷動——更不用說是熱愛足球的德國人了，但這樣的足躁症，在二〇一四年仍是強度最猛的一回。七月十三日晚間十一點多，德國隊以一：〇戰勝了阿根廷隊。那一夜，住家外遠遠近近的煙火齊放，馬路上的車子肆無忌憚地響起高八度的喇叭聲，一直歡鬧到十四日凌晨兩點多。這一夜，應該有很多人跟我一樣，因為心情過度亢奮而無法成眠。

我不是足球賽專業球迷，愛上看足球賽只是這幾年的事。我和朋友討論到德國為什麼能夠得到世界盃足球賽冠軍？許多人都認為，德國球隊不訴求單一足球明星，講求的是團隊間合作無間：德國超級守門球員諾伊爾的眼明手快；尤阿希姆・勒夫教練精準的訓練積效……等。在諸多專訪中，常聽到勒夫教練強調，德式足球精神之所以

德國很多家長會讓孩子在學齡前就去上游泳課，主要是為了讓孩子們擁有保護自身安全的游泳能力。

能夠成功勝出，來自十多年來他在訓練球員時不斷強調：每一刻都要投入充分的專注力，與培養團員間的凝聚力。

在這之外，我們還可以從一顆足球背後看到不同層次的思考。剛從德國基礎小學退休下來的Herr Mueller向我提到，德國相當重視孩子的全人教育：

♥♥♥♥

孩子從幼稚園開始到十八歲，除了基礎教育裡的學術科類，音樂、美術與運動都是全人學習的基本，其中又以運動教育最重要。每一個教育工作者都深知，透過運動的伸展與釋放，會直接影響孩子們在學業上的正向學習與發展。

♥♥♥♥

他向我提到，喜歡運動的孩子學習起來特別輕鬆靈敏，學習效果也比不愛運動的孩子好得多。針對某些不愛念書的孩子，運動上的發展可以引領他們找到自信。

♥♥♥♥

德國一般基礎學校每星期至少有三小時的體育課，而且絕對不會被老師拿來補課。此外，離開學校後的孩子還會繼續運動，像是踢足球、游泳、打乒乓球、騎自行車、登山等。

♥♥♥♥

德國的夏天，常在足球練習場上，看到一個個孩子在大太陽底下快樂又專注地踢球的神態，總讓人看得入迷。德國小孩從四歲起就可以加入運動協會或足球協會練球，好友Yvonne的三個兒子都踢足球，我問她，孩子愛踢足球是否因為爸爸是足球迷，她表示那只是一小部分原因，她發現孩子多運動，回到家時心情總是很不錯；此外，運動帶給孩子的不只是身心的協調統合，孩子們更能透過踢足球來練習專注力與團隊合作精神，這些都間接帶給孩子正向的品格教育。

德國的運動風潮是全面性的，全國大大小小上千個運動協會，證明了這是一個全民都愛運動的國家，此外，從許多方面，也可以看出德國人對運動教育的重視。

舉例來說，德國人對孩子運動教育的養成，總有一套循序漸進的計劃，小孩子從兩歲開始，就可以以滑步腳踏車跟著父母外出；等到上幼稚園，三到四歲的孩子也會以滑步腳踏車跟爸媽前往幼稚園；五到六歲的孩子學會騎腳踏車了，就可以跟爸媽一起騎腳踏車到幼稚園——在幼稚園門口，常會見到數量不少的幼兒腳踏車。

此外，很多家長在孩子學齡前就會帶他們去上游泳課，兒童的游泳課也由專業的教練來上課，等孩子學到一個階段，就可以開始參加不同等級的認證考試，從最簡單的開始，慢慢讓他們瞭解到自己的狀態以及接下來想挑戰的方向。在通過第一關最簡單的基礎游泳測試後，會先得到海獅勳章，第二關考的是來回七百公尺的游泳及潛水能力……等等，通過的孩子會得到海盜勳章，以此類推，還有更高難度的考試認證。考完試後，這些布製勳章通常會被縫在孩子們的泳衣或泳褲上，他們總會很得意地跟別人分享著這份小小的驕傲。

♥♥♥ 然而，德國人培育孩子游泳的主因，還是希望孩子擁有保護自身安全的游泳能力，當同學們相約去游泳時，孩子們可以與同儕享受游泳帶來的健康與樂趣。♥♥♥

二〇一四年德國拿到世界盃足球賽冠軍，啟迪我們思考里程碑後面那一段走了數

十年的風景，足球勇士們在很小的時候，由有心的父母與教練們為他們播下了好的種子，不間斷地耐心陪伴他們養成，給他們掌聲，也給他們肩膀。這一刻怎麼會來得容易？這些人、事、物、環境，全來自社會國家十方——一瞬間的成功，其實是數十年累積下來的因緣成就，所以，當七月十六日足球勇士們從巴西回到柏林布蘭登堡門前，與五十多萬名球迷歡慶時，他們瘋狂歡呼並高舉冠軍盃之際，並沒有忘記向所有德國人大聲宣告：「這個冠軍是屬於德國的，是屬於這片土地上每一個人的。」

### ・德式慢養手札

※紓壓、自信、紀律、團隊合作、自發力、學習力、減少不良嗜好……，運動對幼兒未來的影響，比你想像得多更多。

※讓小孩「玩」運動，不要拚技巧；針對還在發育的學前幼童和小學生，盡量讓他們探索各式各樣的運動，不急著讓他專注、長時間地練單一的運動項目。

1.一顆足球背後的德國運動教育精神。
2.運動有助於孩子身心的協調統合。
3.德國一般基礎學校每星期至少有三小時的體育課，而且絕對不會被老師拿來補課。

## 德國小孩上小學前一年需要做哪些準備？

一開始，Herr Bander先問孩子們，自己的身體中哪些部分跟「2」有關，八成的孩子都踴躍舉手，想要發表意見，像是：眼睛、雙手、雙腳、雙耳、鼻孔、眉毛，甚至兩瓣屁股等。

那天，恩典從幼稚園放學，在一塊兒回家的路上，他興奮地告訴我，Herr Bander來幼稚園幫他們上一堂自我畫像課，還教他們練習寫自己的名字。聽他滔滔不絕地想一口氣將上課內容都跟我說，讓我回想起前年十月我和其他家長們一起參加的、由幼稚園籌辦的學齡前孩子成長學習的共識會。

共識會由幼稚園裡的兩位老師統籌，與會的還有孩子們的音樂老師Betina，以及來自小學的Herr Bander。

共識會裡提到，孩子進小學的前一年，幼稚園將策劃相當多元的學習內容，包括帶孩子們去看戲劇的演出、參觀自然生態博物館、兩天一夜在幼稚園裡探險的露營生活、邀請交通警察分享他們工作上的故事、參觀本地的消防隊、參觀某家汽車廠製車的過程、孩子們新年度的音樂劇演出練習、每週五Herr Bander會來幫學齡前孩子上簡單的拼音和算數，一堂課大約為四十分鐘。

緊接著，Herr Bander開始跟家長們分享，他連續幾個月來每週幫孩子們上課的情況。結束後，他看著現場近二十五位家長，提問說：「孩子在上小學的前一年，到底需要做哪些準備呢？」

此時，他從公事包裡拿出一張紙，很有條理的一項項向大家報告：

♥ ♥ ♥ ♥ ♥ ♥

孩子在上小學前，不需要太多的智識學習，像是寫字能力發展得夠不夠好之類的，至於拼音和數字概念，假使孩子在家裡已經有跟著家長練習，有初步的概念當然很好，但如果孩子在這方面還不行，千萬別急，拼音寫字只需要會寫自己的名字就可以了。「關於正式的寫字與念書，請交給我們，等孩子上小學後再慢慢來學習就行了。」

♥ ♥ ♥ ♥ ♥ ♥

如果有什麼需要具備的基本能力，就是協助注意孩子的眼睛可否辨識不同的顏色？聽力狀況正常嗎？這兩項在兒童醫師的定期檢查中都可以完成檢測。此外，需要家長多陪伴孩子練習的還有：馬路交通上的安全規矩。「如果可以，請家長多陪孩子上街，從旁跟孩子一塊兒練習，以瞭解馬路交通的安全規則，因為很多上了小學的孩子會開始步行到學校上課，也有可能是幾個小朋友一起，雖然有時家長會同行，但很多時候是沒有的，所以需要在這一年裡好好將馬路交通安全這部分落實。」

學齡前一年的小孩，也需要學習生活自理：可不可自行穿脫衣服及綁鞋帶了？上廁所後自己能擦拭乾淨嗎？孩子們在團體生活中與其他孩子的互動發展如何？有一個重點是，孩子在幼稚園裡一般只負責玩耍、遊戲，一下子要跨越到被要求乖乖坐在椅子上上課，需要相當多的專注力，而家長該如何來陪伴孩子練習專注力呢？

Herr Bander說：「通常來說，將孩子丟在電視機前，放任孩子每晚看好幾個小時的電視，或是父母本身使用手機或電腦上網及玩電玩的時間過久，無心陪伴孩子學習，這樣的孩子來到學校後，較容易有專注力方面的問題。」

他特別提醒父母，「孩子從幼稚園放學後，請爸爸媽媽絕對不要嫌麻煩，要跟孩子一起去遊戲廣場或一同運動，讓孩子有足夠的身體活動量；晚上的家庭生活時間也相當重要，多念故事書給孩子聽、多跟孩子一起動手做東西、陪孩子一塊玩桌上遊戲……，都可以日積月累培養出孩子的專注力。」

這位年輕老師解釋完畢後，很開心地接著表示，他感覺得出來，現場的家長們都是願意陪伴孩子成長的父母，雖然他每週只幫孩子們上四十分鐘的課，而且才剛過四週，但他發現孩子們真的很健康可愛，個個學習動力都很強，所以每一回想到要再來幫孩子上課，他總是特別快樂。那次共識會後，我主動問Herr Bander，是否有機會在他幫孩子上課的現場，做一次教學觀察，他二話不說的應允了下來。

進行教學觀察那天，他幫孩子準備的課程是——數字王國「2」。一開始，Herr Bander先問孩子們，自己的身體中哪些部分跟2有關，八成的孩子都踴躍舉手，想要發表意見，像是：眼睛、雙手、雙腳、雙耳、鼻孔、眉毛，甚至兩瓣的屁股等。等孩子們熱烈地回應後，老師從大包包裡拿出十塊上面各有一個數字的小地毯，接著他問道：「今天在現場的男生有多少個呢？女生有多少個呢？」大家都搶著要回答，找了兩位小朋友回答後，老師又問：「那男生和女生加起來後，又等於多少呢？」孩子們想也沒想，便一致地給了答案。

接著，他將準備好的數字小地毯一一排在地上，輪流讓孩子領取一個數字，從0排到9；接著，他讓孩子兩個兩個一組，每一次，在其他小孩的數數聲中，一組小朋友就手牽著手，以雙腳跳格子的方式去練習記0到9的數字，有趣的是，數字小地毯有兩個顏色，每當一組孩子跳過數字時，遇到紅色需要唱大聲、遇到黃色需要唱小聲，這讓數字練習變得有趣活潑，每個孩子都樂在其中。

後來，Herr Bander走到教室裡的另一塊大地毯上，手裡拿著一個呼拉圈大小的圈圈，說：「想要到數字王國『2』的小朋友，請跟我分享一個生活裡與2有關的人、事、物。」孩子回答後，就跳過那個大圈圈。等孩子一一回答完，個個坐上那個數字王國「2」的地毯時，他拿出了一本與數字2有關的故事書，慢慢跟孩子們分享著2的故事。

一堂四十分鐘的學齡前兒童數字課，不僅孩子們上得津津有味，連我都好愛，這種有趣的學習方式讓我有大開眼界的感覺。我感動地對Herr Bander說：「這麼有趣的學習課程，難怪孩子們都很期待你來。」

他笑著對我說：「其實，孩子在學齡前一年到上小學三年級之間，如果需要學習數理或練習寫字、閱讀，老師及家長最好還是用遊戲的方式去教導他們，遊戲的樂趣

| | 2 |
|---|---|
| 1 | 3 |

1.在學校與家庭生活之間，父母仍是孩子生命中最重要的啟迪與模仿對象。
2.用數字小地毯搭配活潑的學習內容，孩子們相當樂在其中。
3.德國孩子熱愛發問，來自開放式教育的養成。

能提高孩子的參與和學習動機。在這個階段裡，孩子們仍較適合用身體去學習及體驗各種智識，若是填鴨式的學習，孩子不只難以消化，也會心生抗拒。」

♥♥♥

德國的學齡前教育，是依著孩子身心的成長時間前進，不急不徐，循序漸進帶領孩子們迎向學習殿堂。

♠♠♠

我身邊有好多位擔任教職的友人也常聊到，關於孩子的教育，父母還是孩子最重要的生命啟迪與模範。

德國幼稚園教育的理念與發展，相對於許多國家來說，已經相當人性化及完整了，然而我那身為兒童教育工作者的好友Monica，曾分享到她對這份工作的另一個層次的思考，她帶的班級有二十五個小孩，除了三位正式的教育工作者，還有兩位實習生。

她說：「這樣算起來，平均五個小孩可以獲得一位教育工作者的關注和引領，但老實說，有時碰到同事休假、請病假或實習生結束實習，突然少掉人力，也會有人力不足的狀況。」

她自己除了是教育工作者，也是兩個孩子的媽，她認為——

♥♥♥♥

即使孩子進入一個不錯的幼稚園，也不代表父母就可以放掉自己的教育責任，因為沒有一個老師可以完全取代爸媽對自己孩子的瞭解，也沒有一個老師可以在同一個時刻兼顧到二十五個孩子各自不同的身心需求。

♠♠♠♠

何況幼稚園裡的教育工作者，或多或少仍有良莠不齊的狀況。有些老師真的是難能可貴，兼備真正愛孩子的心與懂得因材施教的特長，不僅孩子喜歡，家長當然也很珍惜，可惜的是，並不是每位教育工作者都是這樣，孩子們可能碰到一個不喜歡她（他）的老師——遇到無法真心接納孩子本質的老師，有可能會讓孩子恐懼到不想去幼稚園。

Monica說：「德國幼稚園的環境與節奏已經相當人性化，然而對小小孩來說，人與人的連結課題，非常需要父母用心理解與陪伴，家長千萬不可以忘記，小寶貝來到幼稚園，其實跟大人們去上班一整天的經歷很像，他們可能擁有快樂無比的一天，也可能在幼兒園受挫、發生不愉快的事，在晚上的家庭共聚時光裡，父母有去瞭解及關心孩子每天的發展狀況嗎？」

♥ ♥ ♥ ♥ ♥ ♥

碰到孩子在幼稚園遭遇與人連結方面的各種問題時，其實正是一個很好的身教機會，因為父母在帶領孩子面對問題時，如何溝通省思的態度、是否能跟孩子進入親密的心理對話，以及後續產生的全家人共同面對問題的行動力，都會讓問題翻轉成家庭凝聚力，而在這個過程中，身為大人的我們已經在無形中為孩子們上一堂生命的課了。

♥ ♥ ♥ ♥ ♥ ♥

**・德式慢養手札**

※德國人認為，小孩在上小學前的唯一任務就是——快樂地成長，因此不必過度開發孩子的智力。

| 1 | 3 |
|---|---|
| 2 | |

1.恩典的自畫像。
2.體驗式的活潑學習，讓孩子們學習時不需要只靠死背。
3.學齡前的一年，德國小孩開始學習基本的數字與拼音。

※就算是為孩子上小學進行預先準備，老師們在課程設計（例如算數、練字、閱讀等等）上，仍要以遊戲的方式為主，其用意在於提高孩子學習的樂趣與動力。

# Part3

# 玩在起跑點，<br>練出個人軟實力

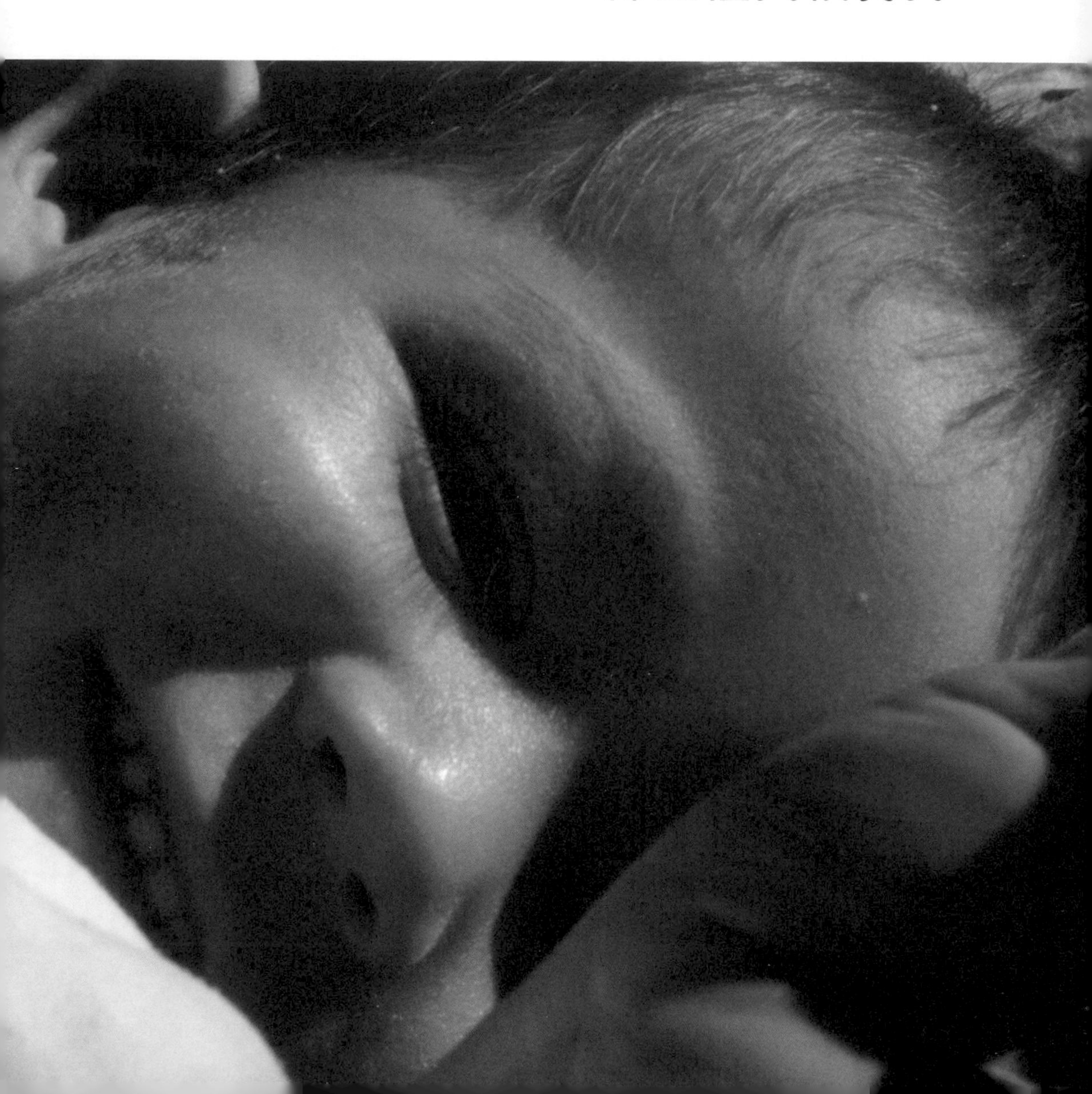

- DIY創意打造孩子的童趣房間
- 小孩子的七點晚安曲
- 為孩子在睡前點一盞蠟燭
- 手作生活是讓小孩身心安頓的魔法
- 到兒童舊貨市集去擺攤，孩子上場學買賣
- 森林是孩子最棒的好朋友
- 來去夏日森林創意園遊會
- 遊戲廣場是大人小孩共同的天堂
- 拋開3C，和小孩一起動腦玩桌遊
- 媽媽，我要跟妳一起畫畫、跳舞啦！

# DIY創意打造孩子的童趣房間

若父母做好心理準備，在時常回應孩子的狀況下，適時的讓孩子擁有自己的房間，除了可以讓孩子理解到自己是一個獨立的個體，還能教導一種「界限」的概念。

在德國，只要住家空間允許，大多數父母會在孩子出生前就為他打造好專屬的房間；當然，還是有不少家庭礙於空間不夠或其他因素，所以是隨著孩子出生後的成長狀況來思考這個問題。

在恩典兩歲前，他的小床靠在我的床旁邊，當他有了一定的安全感後，在兩歲到三歲這一年，我們開始有計畫性地著手打造他自己的房間，希望恩典在三歲後開始學習獨立，能夠慢慢睡在自己的床上。

這樣的安排，同時也是考慮到，當孩子有了自己的房間後，玩具就不會在客廳的每一個角落出現，大人可以比較享受地待在簡潔的客廳裡，看書、看電影、做瑜伽或寫稿等。

恩典的房間光線相當明亮，在用色上，我和先生討論後，決定以淡檸檬綠加鵝黃為基調——三面大牆是淡檸檬綠，兩面小牆是鵝黃。後來，我們買了一款印有可愛小兔子騎士的壁貼，貼在牆腰做點綴。

由三個大抱枕組成的看書小角落。

先生漆好牆面後，突然把顏料交給我說：「媽媽，妳要不要在這一面牆上為恩典塗個鴉？」我靈機一動，隨性地畫了一幅飛上雲朵的貓，恩典似乎很喜歡，每一回有朋友來，他都會介紹一下那隻小貓正飛在雲上面。

在小房間裡，有一角是他的睡床，床邊擺著一個月亮小燈，此外，爸爸還在天花板上貼夜光小星星與月亮。房間的另一個角落，用三個大抱枕圍成看書用的小窩，還有一個角落放了一張小木桌及兩把小椅子，是恩典畫畫或玩紙黏土的地方。

礙於經濟條件，也為了在生活中落實惜物之道，我們為孩子打造的房間，除了一個放玩具的櫃子、月亮小燈及夜光貼紙之外，有九成以上都是親朋好友給的舊家具，雖然是二手的、但充滿了溫度；更棒的是，先生相當擅長ＤＩＹ，有好多東西都是他以手作創意完成的——

舉例來說，先生裁好舊床墊後，我再鋪上一條乾淨的大浴巾，頓時就成了一個實用又美觀的尿布臺；恩典房間門背後有一個與他自己差不多高的掛衣板，是先生用舊木床裁下的木板為底，打上洞後，再將一家人到森林出遊時撿回來的老樹枝，削成一根根勾形木條，以皮繩綁在木板上的洞，是充滿父愛及創意的恩典專屬掛衣板——恩典也有參與製作喔！

恩典有一陣子喜歡蛇，先生就用舊彈簧剪了一條長長的蛇，再畫上眼睛就大功告成了，那條長蛇讓他和朋友們玩得不亦樂乎；最近幾個月，恩典迷上扮演古代騎士，先生便用Google大神找到合意的騎士盾牌圖騰，將圖騰列印下來，貼在用紙板做成的盾牌上，再將從森林撿來的老木條做成兩把木劍——他們倆平常最愛在家裡進行一場場的騎士比武遊戲。

給孩子一個專屬的房間，可以讓孩子瞭解，他除了是爸媽的孩子，也是一個獨立的個體，跟爸媽一樣需要自己的空間，而房間裡有自己專屬的書籍與玩具。

孩子將會更清楚，玩耍活動的空間在他自己的房間，而不是在客廳或廚房，從小養成他區隔空間功能的習慣。當恩典的朋友來訪時，一群孩子可以在房間裡玩瘋鬧瘋，而我們這些媽媽也可以輕鬆地在客廳喝咖啡、聊聊天囉！

## ·德式慢養手札

※為了讓孩子學習獨立，認識到自己是一個個體，在生活空間允許的狀況下，德國人一般傾向為孩子準備自己的房間，有些爸媽甚至在孩子出生前就開始規劃。

※讓小小孩擁有自己的房間，是讓他擁有較自由的學習及玩耍空間。他們正處於需要大量創造性刺激的階段，其實沒那麼適合與大人共享同一個空間；此外，孩子的想法常常跟大人不同，可能會認為玩具才玩到一半不必立刻收、樂高組到一半當然更不可以收，若此時為了整潔而強迫孩子馬上將玩具收拾乾淨，難免有點不盡人情。

※若能事先培養孩子有足夠的安全感，在三歲左右開始讓他擁有自己的房間是不錯的事，但仍需要個別考量每個孩子的成熟度和獨立性，也別忘了在訓練孩子獨睡、讓他有自己的房間前，要事先讓他有心理準備並正向的給予鼓勵。

1.恩典與爸爸一塊兒用森林撿來的枝條完成他的掛衣板。

2.朋友給的舊桌子是恩典玩紙黏土或畫畫的快樂場所。

3.運用創意親自動手幫孩子打造房間，除了省錢，也讓房間別具一番童趣。

恩典還是小嬰兒時，我就會送他睡前的甜蜜親吻，到現在，反而變成他送給媽媽睡前親吻啦！只不過調皮的他，不會媽媽說要親親就馬上給親，而是跟我玩躲迷藏的索吻遊戲。

## 小孩子的七點晚安曲

每天晚上七點到七點半之間，是我帶兒子恩典準備上床睡覺的時間，先刷牙，接著換好睡衣，最後就是說床邊故事和唱晚安曲。一個快三歲的小娃兒，只要白天的遊戲及活動量足夠，大概七點半左右就會睡著了。像恩典這樣，七點就得乖乖準備上床睡覺，可是德國大部分父母給孩子健康生活教育的第一章。

從兒子六個月大開始，晚上六點半一到，我就開始做入睡前的各種準備，在小床邊替他點上溫馨小燈，布置一個安靜祥和的空間，讓他依偎在我懷裡，唱著兒歌讓他入睡，就這樣，讓他從小就習慣在固定時間睡覺。

♥♥♥

德國人相信，幼童在七歲之前養成晚上七點上床睡覺的習慣，對孩子的大腦發育及免疫力都相當重要。

♠♠♠

德國人讓孩子在晚上七點上床睡覺，一方面是基於健康的考量，另一方面也考慮到父母需要私人的休息時間——利用晚上幾個小時放鬆自己，調整自己的身心靈，是很重要的。

周遭的媽媽朋友們常常跟我說：「在孩子斷母奶、開始吃副食品時，就可以開始訓練孩子的睡覺時間，而且愈早開始愈好。」

♥♥♥♥♥

孩子其實需要父母為他們設下一個清楚的生活規範，讓他們有所適從。若一週七天，每天的睡覺時間都不同，對孩子的生理時鐘來說，其實是困惑不已的——規律的生活起居對孩子與父母而言總是雙贏。

♠♠♠♠♠

談到孩子的睡眠時間，一歲到兩歲之間的孩子，上午還需要小睡一到一個半小時，但是到了兩歲半以後，就常會發生孩子若有午睡習慣，當晚上七點該入睡的時間到了，還是活蹦亂跳的——不過這部分也會因每個孩子的生理發展而異，有的孩子在這年齡層，就算白天有足夠的睡眠，到了晚上七點仍可安穩入睡。

雖然培養孩子在晚上七點到七點半入睡是個好習慣，但偶爾還是會破例，例如家裡有親友來訪及過夜、前往公婆家小住，或在拜訪朋友的特殊假期裡，孩子會因為家庭聚會而興

## 睡前黃金時光

孩子在睡前通常身心都非常敞開與陰柔，雖說恩典是小男孩，但我發現睡前的他總會變得相當女性化，喜歡賴在媽媽的懷裡，一定要媽媽陪他到入睡；他會像小女孩般地撒嬌，我其實相當開心他的內在女性能量能如此敞開，所以將他睡前的時間當成我和他之間最親密的黃金時光。

在這段時間裡，我會為他讀故事書或念禱告卡，而當他因焦躁能量太多而無法入睡時，我會把瑜伽大休息的引導方式切換成兒童版的睡前引導，協助他慢慢入睡。在孩子睡前，如果我們的心能安穩地陪伴，讓孩子那刻的內在陰柔能量獲得展現與釋放，將會讓孩子對自身的生命更有安全感與信任。

不要小看這樣的一小段黃金時光，以我自己來說，多年來的睡前黃金時光創造了親子間的美好養分，讓我在工作較忙碌的狀態下，仍有能力與孩子親密的共舞生活著。

奮不已，通常我們都會讓他在這些特殊日子裡盡情享受與親友相處的時光，真的該讓他上床時，先讓他向每一位親友道晚安，再由媽媽帶去睡覺。

帶孩子睡覺，是一天中我與孩子最親密的時光。記得孩子剛出生的第一年，由於還是新手媽媽，曾有過一小段時間心裡會想著，孩子睡著後，我就可以寫稿了，弄得孩子不睡覺我就焦慮。後來，我領悟到這段陪孩子睡覺的時光很寶貴，明白自己需要處在當下，跟孩子甜甜柔柔地迎接他的夢鄉，如此，孩子的心才會有安全感，感覺到媽媽愛他、世界也愛他，進入夢鄉裡快快長大，隔天醒來又是一個健康的小太陽。

時至今日，我慢慢地不再像過去那樣，帶孩子睡覺時心裡還想著工作。心愈跟孩子在一起，孩子反而會比較快地安穩入睡，省下很多時間呢！恩典還是小嬰兒時，我就會送他睡前的甜蜜親吻，到現在，反而變成他送給媽媽睡前親吻啦！只不過調皮的他，不會媽媽說要親親就馬上給親，而是跟我玩躲迷藏的索吻遊戲。

德國人給孩子健康生活的第一章——七點上床睡覺，成了我和恩典最美好的親子時光。

**・德式慢養手札**

- ※在兒童時期，充足的睡眠不僅能促進大腦發育、提高免疫力，還有助於長高喔！
- ※家長可以協助創造良好的睡眠氛圍，陪伴孩子入睡，這段時光往往也是培養親子親密關係的好時機。

七點鐘帶孩子上床睡覺，對德國爸媽來說是給孩子健康生活教育的第一章。

# 為孩子在睡前點一盞蠟燭

當我點上小粉紅燭杯的蠟燭，拿進他的睡房後，小傢伙將床頭夜燈關掉，很奇妙的是，看著燭火的那一刻，他圓滾滾的雙眼突然變得溫柔安靜了。

每個小孩都有一種音調，有一種色彩，也如一首獨特的曲子，但這一首曲子需要不斷被父母細細欣賞，且貼近品味。

成為媽媽之後，我也和很多媽媽一樣，有時會忘了欣賞自己的孩子，成為為他鼓舞的那雙手。當孩子的意志來到四歲叛逆期，時而純真，時而張狂，時而悠揚，時而脆弱，在這個時期，我常遇見相當軟弱的那一個我，不知該如何應對孩子多變的情緒，要聽得懂小傢伙這首變化多端的曲子，我總是需要跟著變變變，如擁有上百種魔法智慧般地進入他的世界。

前兩個月，我又想到一個點子——恩典喜歡搞笑及變化，所以我就試著不念故事書，改用話劇方式表演雨水姑娘和太陽爺爺的故事；為了讓故事跟生活有關連，我在話劇裡放進我們在不同地方旅行的故事，沒想到他很喜歡。後來，我又從書櫃裡的一副牌卡中，找出兩張圖像與雨水姑娘和太陽爺爺很像的卡片，放在他的床頭櫃，對他說：「這兩個自然界的天使，都會保護恩典平安入睡哦！」

繼成功以演話劇方式對他講故事後，某一個夜裡，我心裡乍現靈光，想到要讓恩典的心魂在睡前安靜下來，可以為他點上一盞蠟燭。

想到就做，我快速地從書櫃裡找出一個小粉紅燭杯，將蠟燭點上，拿進他的睡房，他則將床頭夜燈關掉。很奇妙的是，看著燭火的那一刻，他圓滾滾的雙眼突然變得溫柔安靜了。

在小小暖暖的燭光下，我看著恩典，小聲地跟他說著天使的故事。我說：「小天使們喜歡有燭光及安靜的地方，所以從現在起，不管是講話、祈禱或唱歌，都要很小聲哦！天使聽到了，再看到我們點的蠟燭，就會飛來找我們。」

就這樣，我帶著恩典一塊兒做睡前禱告，一起唱觀音心咒，可愛的他將每一隻絨毛玩具（泰迪熊與小猴子）放在身旁，小小聲地對我說：「媽媽，它們也要跟我們一起唱。」

這個在睡前為他點上一小盞蠟燭，搭配小聲禱告與唱歌的儀式時間，竟成功讓他毛毛躁躁的動能在很短的時間內安靜下來，這種安靜的品質能幫助他的身心以更安穩的狀態來入睡，之後真的比較少聽他說又作惡夢了。

孩子的身心比大人們更純淨，經過一整天幼稚園的團體生活，免不了交雜了與其他人的能量連結。當下了幼稚園的小小孩亂發脾氣、無理取鬧時，身為父母的我們可別先怪孩子不懂事，反而需要去瞭解孩子今天在幼稚園的生活發生了什麼事？

♥♥♥ 對有上班的父母來說，一整天下來，回到家時一定是精神、體力盡失，很難保有一大早起床時的充沛活力，孩子也是一樣的。上幼稚園也像上班，需要跟不 ♠♠♠

同人連結社交，所以晚上的家庭生活時間裡，若能盡量不讓孩子看電視，選擇全家共同歡聚，並在固定時間帶孩子去睡覺或為孩子進行睡前小儀式，都可以幫助孩子釋放白天的壓力與緊張。

早睡習慣的養成需要從小就開始培養，現在，我們家小淘氣晚上七點到七點半就開始準備上床睡覺，而這個習慣的養成，不光只是考慮到孩子目前年齡的大腦與身心需要充足睡眠來成長，也替他設下了家庭生活的節奏，讓孩子的身心感受到安全感與穩定性。

睡前為孩子點一盞蠟燭，讓恩典愛上了，有時媽媽我累到忘記時，他還會提醒我：「媽媽，妳要幫我點蠟燭，我要跟妳一起做睡前禱告和唱歌哦！」

### ・德式慢養手札

※良好的睡前儀式，例如洗澡、換睡衣、刷牙、聽床邊故事……等，可以協助孩子有較好的睡眠習慣和品質。

※睡前儀式最好避免太具壓力的活動，採用較有放鬆感的，才有助於孩子平靜下來。

※相關電子產品如手機、電視等等，最好在孩子睡前一小時就關閉（這些電子產品螢幕的光線容易干擾孩子睡覺時大腦的化學反應），有助於孩子更好入眠。

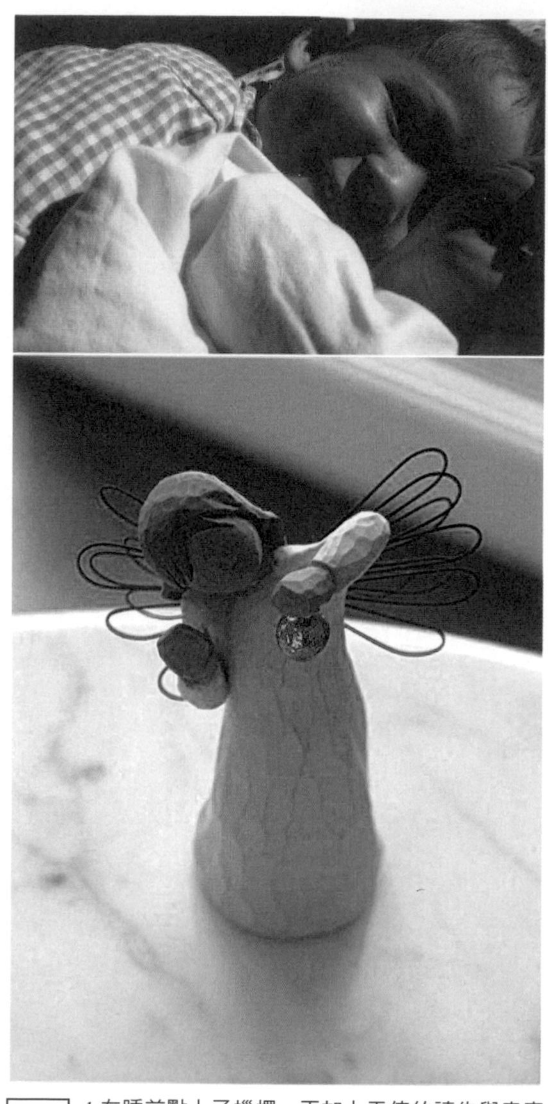

| 1 |
|---|
| 2 |

1.在睡前點上了蠟燭，再加上天使的禱告與童真的歌唱，小傢伙總算可以安靜入眠。

2.孩子永遠都喜歡天使的故事，在睡前帶孩子向天使禱告，讓孩子知道自己會被天使深深保護著直到天亮。

# 手作生活是讓小孩身心安頓的魔法

M友人某日問我：「在恩典上床睡覺前的晚上時光，你們一家子都在做些什麼啊？」我不假思索的回答她：「就是全家的手作生活及桌上遊戲時間囉！」我們家除了星期五及星期六晚上是家庭電影院時間外，在週間的晚上都會準備各式桌上遊戲跟恩典一塊兒玩，而穿插在其中最多的，就是全家一起動手的手作時光了。

我的友人Felicitas是國小老師，曾跟我分享手作生活對孩子的影響：

♥♥♥♥♥

孩子從學齡前開始到十七歲前，是透過多元的手作來發展，手部的動態其實無時不刻牽引著大腦，心腦合一將能釋放出更多身心的和諧與專注力，手作能讓身體發揮不同層次的協調性，而在完成一件作品後，孩子更可以獲得對自我價值的正面肯定與欣賞。

♠♠♠♠♠

更廣義的來解讀，手作是讓大人和小孩身心安頓的魔法，它跨越性別與年齡，當我們專心一意用心進入手作，舉凡烹飪、園藝、木工、裁縫、編織、塗鴉或修理家電等，其實跟禪修的靜心完全是同一件事！Felicitas還提到：

在德國的小學，孩子們除了學科及體育、美術、音樂等術科上的學習，也必須上相關的家政課程，如家事清潔與管理、編織或工藝課程；有趣的是，很多男孩子會在家政課裡跟女生一樣學習裁縫與編織，反之，女孩們也會學習木工或修理腳踏車等。

這般的家事生活學習，間接造就了大部分的德國媽媽們擅長運用手作藝品來布置或整理家居環境，而德國爸爸們常是家中的萬事包辦水電工。

仔細回想恩典這幾年的幼稚園生活，才恍然意識到，他幾乎每一天都沉浸在手作生活裡呢！

教室裡的學習角落，除了沙發休息區及角色扮演的戲劇區外，勞作區桌上供有各種畫筆與工具，孩子隨時都可以畫畫或做勞作；樂高區是孩子們發揮想像力動腦動手的世界；遊戲區裡提供的各式拼圖或桌上遊戲，幾乎都與手腦並用學習息息相關。

德國人相信，孩子在學齡前的身體健全發展相當重要，所以他們傾向每天讓孩子有足夠的時間在戶外跑跑跳跳，讓孩子和友伴一塊兒玩耍，並培養孩子們對大自然的探索樂趣。

至於室內的相關活動設計，如手作項目的靈活運用，除了有助於讓雙手的大小肌肉發展健全之外，也會影響到孩子上學後的智力與理解力。

皮爾斯夫人
心教私房話

## 親子手創小妙方

建議可以先觀察孩子，以他們平常喜歡的手作專長或嗜好來下手，孩子喜歡，就較能夠靜下心來創作。之後，父母可以從這個項目出發，繼續帶領孩子一層一層探索不一樣的手作。硬要孩子去學一個他比較沒動力、沒興趣的手作，或希望他和其他孩子一樣，很有可能會扼殺手作探索的樂趣。

由易入深、由熱愛的興趣慢慢引入精髓，是親子手作的樂趣及精神所在，例如喜歡揉麵團的孩子，可以陪他們從簡單的小麵包手作開始練習，然後再延伸到做動物造型的餅乾或慶生會的小蛋糕……等。

Felicitas對我說：「當孩子的身體發展基礎穩固後，才能將知識上的學習慢慢放進孩子的腦袋瓜裡。」

話說回來，德國婆婆媽媽真的是手作實踐家，這些年來，我的聖誕禮物，收到最多的是親友的手作品，婆婆親自織給我的圍巾與毛帽、小姑織給我的雜物袋、大姑織給我的冬日暖暖襪、好友Christa手織了三雙冬日室內脫鞋。我問她們，為什麼那麼喜歡裁縫及編織？大姑表示——

♥♥ 那些媽媽們親手為孩子們編織的帽子或圍巾，是媽媽送給孩子們的親密親吻！ ♥♥

從小，婆婆就常在家裡編織毛衣給孩子，當時婆婆專注的神情就好像一幅畫印嵌在大姑的腦海裡，從那時開始，她就夢想某天有了自己的孩子後，也要跟媽媽一樣為孩子們編織衣物；如今她擁有了兩個寶貝女兒，也將這份喜樂的家庭文化傳承給自己的孩子。

那句將「媽媽的親吻穿在身上」深深打動著我，不知不覺也牽引著我一點一滴地栽進德國手工創意居家樂的生活。

每當夜幕低垂，我家先生就開始專注於他的木工，而我和恩典會坐在桌前塗鴉，家庭生活中的簡單幸福，是我在異鄉生活最美好的養分。現代的網路、臉書及智慧型手機生活型態，耗費人們很多時間，一個不小心就可能失衡或耽溺其中，而要將自己的心神從網路世界裡抓回現實生活，家庭手作是一個可行的簡單對治良方。

面對恩典的好動與鬼靈精怪，手作奇妙如一帖定心丸，當他畫著水彩或塗鴉、當

| 1 | 3 |
| --- | --- |
| 2 | |

1.我在恩典的慶生會上靈機一動，以紅蘿蔔布置成的花藝兼點心。
2.手作讓每個孩子都自然而然地學習專注於一件事上。
3.我為恩典手作的帽子。

1.手作是拉近親子親密關係的最佳橋樑之一。
2.動手做復活節彩蛋，樂趣十足又很有成就感。
3.手作香膏是我喜歡送給親友的小禮。

他編織著手環，哪怕只是短短的十分鐘，我都感覺到他內在某個靜定的心性柔柔地綻放著芬芳。

手作生活的美好學習，讓我們以更多形式貼近著彼此，一塊兒包水餃、切蔬菜，一塊兒塗鴉、抄寫心經，一塊兒編織橡皮圈七彩手環……。

碰到不同的節日時，我和先生也會積極構思可以與孩子共同完成的節慶手作。例如，在恩典的慶生活動中，我們將一大把紅蘿蔔放在水瓶裡，除了可以創造美麗的桌景，肚子餓了還可以直接拿來吃，超級方便；我們還將陽臺上的一株植物分成好幾個小盆栽，當作送給參加慶生會的孩子們的小禮物，我還在小盆栽上畫一些塗鴉畫，孩子們拿到這個綠色的小禮物都十分喜歡，日後還常跟恩典分享他們小植物成長的點點滴滴呢！

又比如復活節時，我會帶著恩典一起親自染復活節彩蛋，我們倆各自突發奇想，在彩蛋上綁上不規則的橡皮圈，或貼上剪好的膠帶，接著將幾盆水混上不同顏色，把蛋放進去泡三分鐘後取出，再將膠帶及橡皮圈拿開，每一顆蛋上的花樣都讓我們母子倆驚喜不已。待顏色乾了，我們再一塊兒將蛋放進復活節竹籃裡做布置。這樣簡單的手作，讓我和孩子的心更靠近，我感覺到他樂在其中，也看到他從手作中獲得的小小成就感。

♥♥♥♥

與孩子展開手作生活時，當爸媽的我們需要有心裡建設：不能怕麻煩，要願意花時間陪伴。孩子在動手ＤＩＹ中，通常無法如大人般乾淨俐落，過程也不會完美，但親子的感情卻會因此而加溫，還能讓孩子的心慢慢靜下來。

♥♥♥♥

在這些過程中，我們和孩子一起付出及參與，每一次的手作都加深了彼此對家庭的歸屬感，共同參與的經驗比結果好不好、美不美更加重要哦！

### ・德式慢養手札

※只要父母願意用心陪伴，就可以在「玩」手作中，讓孩子自然而然啟動創造力。

※陪伴孩子手作的過程中，不要心急、不要怕麻煩，也不要要求完美，重點是讓孩子天馬行空的玩。

## 到兒童舊貨市集去擺攤，孩子上場學買賣

很多家長都將孩子的衣物保存得很好，即使衣服可能洗過上百遍，但因為是好品牌，再加上爸媽細心的保存，我常常用不到五歐元的花費，就替恩典買到幾件品質相當不錯的衣服或褲子。

暑假的第一天，好友Yovonne對我說，她的三個兒子要去市中心廣場的德國兒童舊貨市集擺攤，並邀我和恩典去玩玩，如果恩典需要一些衣服或玩具，都可以在舊貨市集挖到寶，絕對不會空手而回。

德國兒童舊貨市集的德文為「Kinderflohmarkt」或「Baby-Basar」，早在恩典還沒出生前，婆婆就曾帶我參加過村內教會在九月辦的兒童舊貨市集，恩典的嬰兒車及許多一歲前穿的衣服，都是我當時的戰利品呢！之後，隨著恩典的成長，我也陸續跟媽媽好友們一起拜訪過無數大小規模不等的兒童舊貨市集，一個個攤位上，絕大多數是家長將孩子穿過的各類衣物、玩具或書類，清洗整理得乾乾淨淨後，才拿出來供顧客們挑選。

♥♥♥

若問兒童舊貨市集最吸引我的地方在哪裡？那就是我從中學習到德國人惜物如金的精神。

♠♠♠

| 1 | 2 |
|---|---|
| | 3 |

1.在暑假第一天登場的兒童舊貨市集，讓孩子當小老闆。
2.七月下旬，三十五度高溫，仍擋不住爸媽們前往兒童舊貨市集來挖寶。
3.我在兒童舊貨市集挖到一家寶，Frau Daum與兒女在攤位前的合影。

很多家長都將孩子的衣物保存得很好，即使衣服可能洗過上百遍，但因為是好品牌，再加上爸媽細心的保存，常常不到五歐元就能替恩典買到幾件品質相當不錯的衣服或褲子。另一方面，在環保觀念的驅使下，很多父母都深信，買一件洗過上百回的二手衣給孩子，反而較令他們放心，因為裡面已沒有太多的化學成分或毒性。

除了二手衣物外，孩子成長每個階段的童書、玩具及生活用品，德國父母都會將原產品的相關說明書和所有配件保存好，待孩子不再使用時，就拿到舊貨攤上進行買賣交易。

參加過兒童舊貨市集那麼多回，Yovonne提的這個市集我特別喜歡。整個市集有將近五十多個攤位，琳瑯滿目好不熱鬧，這一次最特別的是，許多攤位都是孩子自己當小老闆，父母反倒成了配角啦！孩子們自己賣小時候的衣服與玩具，當顧客詢問價錢或議價時，他們就要學著跟大人們打交道。

這些攤位逛下來，小女生的攤位就有很多的粉紅芭比或甜美的衣服，男孩們則有變形金剛與樂高飛機模型等等，呈現不同的面貌，讓我逛得很過癮，後來還挖到一家寶——專做羊毛氈手創的Frau Daum，擺了一攤賣兒子的舊衣與玩具，她女兒就在隔壁擺了一攤賣自己小時候的衣服與玩具。

Frau Daum跟我分享到，德國的兒童舊貨市集，對孩子的生活教育啟迪相當重要——

♥♥ 除了讓孩子從小學會珍惜自己擁有的玩具，培養他們管理物品的概念，而 ♠♠

## 教孩子惜物

我們的孩子值得過一個豐盛的生活，但同時也應該培養孩子惜物的價值觀，孩子的成長總是很快的，一季一季都會有穿不下的衣物或不想再玩的玩具，這時我們可以跟孩子一塊兒收拾，整裡出那些品質還很好的衣物與玩具，將之轉送給需要的親友或適當的基金會。透過這一個小小惜物課，孩子將從中學習到豐盛與惜物之間的平衡關係。

當孩子玩膩玩具後，拿到舊貨市集去賣，還可以讓孩子來場買賣交易的真實演練，所獲得的利潤，孩子可以自行決定要存到自己的帳戶，或是買想要的書或玩具，也能進一步養成孩子的金錢觀。

德國兒童舊貨市集不只爸媽愛，孩子們更愛，因為這是許多孩子第一回上場當小老闆的生命經驗，看著一群年齡從五歲到十歲不等的孩子們，從我的手中拿到他們第一次賣東西的收入，眼裡滿是開心與謝意，我也興奮地想像著：有一天我的小恩典，也會跟這一群哥哥姊姊一樣，在自己的舊貨攤位前當起小老闆。

### ・德式慢養手札

※德國人惜物如金的態度值得學習，我們沒必要刻意製造「匱乏感」來恐嚇孩子，但一定要讓孩子懂得惜物。

※過多物欲的滿足，有時候反而會剝奪了孩子的快樂感受——該買的才買，不該買的絕對不買，是父母一定要堅守的底限。

※讓孩子擁有自己的帳戶，有助於從小培養孩子正確的金錢觀——有存才有得領。

## 森林是孩子最棒的好朋友

森林探險路徑寓教於樂，一趟下來，我們帶著恩典學習到如何算出大樹的年齡，也讓他瞭解到原來平常畫畫用的紙、上廁所用的衛生紙，全部都來自寶貴的樹木——我們終於有機會讓他學習珍惜紙張了。

夏日一到，我和孩子的休閒生活裡，便開始了每天的單車行之樂，並且更加頻繁地向森林報到。一大片、一大片青翠有致的綠森林，好安靜、好美，每一棵大樹、每一隻穿梭在林間的鳥兒，輕易地就讓我們將平日的壓力與煩惱丟在身後——說森林最具療癒能量，真是一點也不為過。德國人深深相信森林療法，他們認為：

♥ ♥ ♥ ♥ ♥

人類經常親近森林樹木，就會自然變得健康，在森林中步行和默想，可以調節自律神經、舒緩壓力並改善情緒。我自己則發現，每一回當恩典的個性開始難搞起來，只要帶他去森林裡散步玩耍，不消幾個小時，他便會像換了一個人般的乖順。

♥ ♥ ♥ ♥ ♥

其實，森林不只對治小孩子有一套，在療癒大人方面，她也「很有辦法」！置身

1 | 2 / 3

1.森林的探索之旅最適合親子一同參與。

2.森林教室讓人好想進去上一堂森林的課哦！

3.大自然就是人類最好的療癒師。

森林之中，我會明顯感覺到身心都自動回歸到喜悅平衡。前一陣子，我有機會到黑森林施佩薩爾特山（Spessart）的森林探險路徑（Walderlebnispfad），進行三小時的森林探索，我看到森林裡立了一個告示牌，上面寫著「森林就是最好的醫師」，說我們不必吃一堆維他命，只要離開辦公桌椅，多移動雙腳走進森林，親近大自然，這裡就有最天然的正向能量，是人類最需要也最可以吸收的。

這條森林探險路徑總共有兩公里路長，裡頭有二十多站關於森林的教育啟發，令我印象深刻的有：為什麼森林對水源這麼重要？我們可以在一個實驗箱裡看見四種不一樣的土壤，在將水倒下後，哪一個水流最快，哪一個水流最慢？如果是一般的泥沙，水很快就會往下流，而有著紮實樹根的箱子裡的水流得最慢，這也直接讓孩子們親眼見識到樹木對水土保持的重要性。

另外還有大樹做成的S型沙發區，當人躺上去後，就可以看見頭頂上方陽光正在樹梢嬉遊，那一刻心裡感覺真的很幸福。大人們喜歡待在森林沙發區發懶不想動，但對孩子來說，最讓他們留連忘返的應該就是獵人區，孩子們可以大方地登上高高的獵人區，學習與想像森林裡的專業獵人平常站在這高臺上，到底是如何神快地捕捉到小動物的。

這條森林探險路徑寓教於樂，我們帶著恩典學習到如何算出大樹的年齡，也讓他瞭解到原來平常畫畫用的紙、上廁所用的衛生紙，全都來自寶貴的樹木——我們終於有機會讓他學習珍惜紙張了。在這趟森林教育之旅中，我們也碰到不少爸媽帶著孩子來探險，還有許多老爺爺與老奶奶手挽著手慢慢走在森林裡，更碰上一群群騎著單車進森林來健康遊的旅人們。

在德國生活的日子裡，我最感謝的朋友是森林。森林陪我們一家度過了春、夏、秋、冬，我們更常在森林慢走時分享生活中的歡、喜、悲、哀；一走進森林，每個人便再一次走向自己的真實，那份真實的存在（大自然），總是沉默不說話，卻不費力地讓每一個迎向她的人們重新回歸和諧喜樂。謝謝森林，謝謝大自然，給了我們一趟自然療癒的奇妙之旅。

### ・德式慢養手札

- 失去大自然的孩子——甚至大人——有可能出現感覺遲鈍、注意力不集中、好發生理和心理疾病等狀況。
- 若想要帶領孩子與大自然重修舊好，別忘了你自己要先成為愛好自然的示範者喔！

# 來去夏日森林創意園遊會

一進園區，我就看到滿滿的人潮，全都是爸爸媽媽帶著孩子來參加，園遊會中有十多個攤位，看得我和恩典都興奮不已——因為園遊會是與森林創意有關！

夏季一到，各式各樣的活動陸續登場，大人們喜歡到創意手工市集收集新鮮貨，而孩子們的夏日活動可就更多元了！

二〇一六年夏季的某一天，好友Sandra邀請我們到她居住的城市布魯豪森（Bruchhausen）參加園遊會。雖然名為「夏日森林創意園遊會」，其實是在市中心一個開滿各種玫瑰花的休閒公園裡舉行。

一進園區，我就看到滿滿的人潮，全都是爸爸媽媽帶著孩子來參加，園遊會中有十多個攤位，看得我和恩典都興奮不已——因為園遊會是與森林創意有關的！其中有一區，桌上擺滿了形形色色的森林自然素材，主辦單位提供了一個小紙箱，爸媽可以帶領孩子發揮想像力，運用這些素材打造一小座森林魔法盒。

另一個區塊，由某鳥類基金會提供的動物和鳥類觸摸與觀賞活動，更是人潮聚集之處，能夠讓孩子們近距離看到真實的貓頭鷹與大老鷹，讓人感受到主辦單位的用心。此外，如果孩子們想瞭解蜂蜜的生產過程，只需要到有機蜂蜜老爺爺的攤位前，

| 1 | 2 |
|---|---|
| 3 | |

1.因為這一場森林創意園遊會，我得以頭一回近距離看到貓頭鷹。
2.森林魔法盒裡，孩子們可以天馬行空地放進想要的森林生活。
3.蜂蜜爺爺熱情地跟孩子們分享著蜜蜂和大自然的關係。

除了可以看到百隻蜜蜂穿梭其中，蜂蜜老爺爺與老奶奶兩人還起勁熱心地為孩子們解釋蜜蜂與大自然的重要關係。

這一個夏日森林創意園遊會，還有幾個令我印象深刻的部分。有青少年童子軍在現場設計了好幾個活動，透過實驗性的遊戲讓孩子學習數學與物理；小女孩們不如男孩那麼理性、有邏輯也沒關係，現場有專為小女生設計的花臉塗鴉練習，還可以到老奶奶說故事的帳篷內，聽老奶奶以話劇方式跟大家分享聖經的小故事，不然到園藝區跟著園藝阿姨們學習如何當個園藝小高手，也十分有趣。

中途累了，就前往玫瑰園裡的小咖啡攤，點杯咖啡再配上一塊手作的草莓慕斯蛋糕，就是最美好的下午茶時光！Sandra對我說，這個活動是市政府運動休閒部門第一次舉辦，完全由當地市政府規劃與出資，我們倆都覺得這真是一場大小孩都寓教於樂的森林創意之旅，辦得相當成功。

我曾經參加過很多場特別為孩子辦的園遊會，有些場地太大、主題太鬆散，有的可能是主題老套讓孩子沒興致，有的則是吃喝比玩樂活動多，結果變成偏離主題的吃喝大聚會。

像這樣一場實驗性、創意性皆強的園遊會，雖然有吃吃喝喝的攤位，但只占了活動場子的其中兩攤，而且單純只賣媽媽們提供的咖啡與手作蛋糕，創意活動還是主軸，可以感受到每一攤都經過精心設計與規劃，而且都有專人或義工教學與引導，讓孩子很快就卸下心防，與其他小孩打成一片，而諸多創意手作如練習用木刀或森林魔法盒的製作，都需要孩子們耐心地耗上半小時，但他們竟然玩上癮了，十分專注地投入眼前的手作活動。

這一刻，我心裡突然覺得很幸福。在一個美好夏日，置身於知性高雅的玫瑰花園，體驗不一樣的夏日森林創意園遊會，直到黃昏，我們依依不捨地離開時，心裡開始貪心希求，每一年的夏天，都來一場這樣豐富有趣的森林創意園遊會吧！

### ・德式慢養手札

※德國學生的暑假活動很多元，通常是──學習少，玩耍多，但不少玩樂活動除了放鬆身心，也具有積極的教育意義。

# 遊戲廣場是大人小孩共同的天堂

Eva的爺爺從小就是在這個遊戲廣場玩，後來是她媽媽，緊接著是她自己的童年，現在，換成她帶著雙胞胎兒子來這裡玩耍！

自從恩典上幼稚園之後，他有許多快樂的童年時光都是在遊戲廣場度過的。這些日子，我和媽媽朋友們坐在位於幼稚園前方的遊戲廣場長椅上，看著孩子們爬上爬下，在陽光下閃耀著小小的笑臉，總讓我們這些家長油然生起諸多感謝與感懷。

下午三點多到六點，這一片開闊的遊戲廣場不僅是孩子們體能得以釋放的玩樂天堂，也是家長們短暫休憩閒話家常的熱鬧基地。好友Eva對我說，她爺爺從小就是在這個遊戲廣場玩，後來是她媽媽，緊接著是她，而現在，換成她帶著雙胞胎兒子來這裡玩耍！對她來說，這裡不只是遊戲廣場，更是這座美麗城市跨越了不同年代，回報給每一個孩子最美好的童年樂園。

對我來說，德國的遊戲廣場總是有著充滿人情味的故事，我在那裡與許多不知名的爸媽或爺爺奶奶相遇，聽著他們分享自己的人生故事。記得有一回，在遊戲廣場上遇見一位老爺爺，他跟我聊到遊戲廣場對孩子的重要性，他說──

♥♥ 在這個科技媒體過度氾濫的年代裡，每座城市不同角落的遊戲廣場，推促著大 ♠♠

天然素材被大量使用在孩童遊戲廣場的設計裡。

♥♥♥ 人帶著孩子前往活動及玩耍。別讓孩子變成只待在電視機前的機器兒童，或讓孩子過早使用電玩及手機，童年應該是在森林與遊戲廣場裡度過的。♠♠♠

一個完善的遊戲廣場，提供給孩子們身體大小肌肉整合發展的機會，一個從小就沒有玩夠的小孩，上小學後較可能發生學習專注力的問題；在學齡前有足夠的戶外活動，是孩子們最真實的體驗學習。仔細看看，便會發現遊戲廣場的設計大都採用天然素材，如大量的木材、沙堆、水池與石頭、攀爬的繩索等，呼應著孩子的五感發展。此外，每座遊戲廣場都經過專業公司的規劃，孩子天性喜歡冒險與探索，太簡單或一體成型的塑膠遊戲廣場，燃不起孩子真正的玩勁。

話說回來，雖然德式遊戲廣場大都具備某種程度的冒險挑戰性，但都經過諸多安全性評估，即使孩子真的發生小意外，都是不會讓家長提心吊膽的小傷。

聽完老爺爺這一段精彩的分享後，我直接追問，為什麼一談起遊戲廣場，他的雙眼就發散光芒。原來，在老爺爺住的村落裡，有一座他從小在那裡玩耍不倦的遊戲廣場，前三年，當他退休後有機會再回去拜訪那座童年的遊戲基地，竟然發現有很多設備都相當老舊，甚至需要「退休」，換上新設備；看到童年的祕密基地不再完善如初，他決定投入遊戲廣場的維修工作，沒想到意外讓他找到退休生活的熱情志業。三年來，他陸續召集了村落裡的居民一塊兒投入修護工作，也順利募集了資金來為孩子們添增新的遊戲設施。老爺爺童年的那一段美好時光又復活了，這一回他變成在遊戲廣場上與小小孩們一起玩的老小孩，小朋友及家長都知道他是這座遊戲廣場的守護天使，只要遊戲廣場有任何狀況，都會向他回報。

像老爺爺這般義無反顧地為孩子們投入遊戲廣場的維護與建設，在德國可不是少數人關心的議題，許多家長或教會組織也常會自組團體，積極投入孩童遊戲廣場的共同維護，或是募集資金以建設新設施。

♥♥♥

全德國大小城市加起來有近五萬多座遊戲廣場，這麼高比例的遊戲廣場，說明了德國人對孩童們到戶外玩樂遊戲的身心需求之重視。

♠♠♠

當然，礙於每一個邦州對於幼兒教育制度投入的規劃與資金各有不同，難免還是會看到多元完善的遊戲廣場與簡陋未經維護整理的遊戲廣場間天壤之別的品質差異。以我居住的城市來說，就有近二十多座大小不一的遊戲廣場，這個城市的市政團隊相當重視給予孩童一個乾淨完善的遊戲廣場，所以常會看到相關的工作人員來勘查遊戲設備是否需要維修；一大早帶恩典去幼稚園後回家的路上，也會看到清潔隊員在清掃遊戲廣場，話說我常去的遊戲廣場已經有七十幾年的歷史了，某一區的設備隨著歲月而變得相當老舊，二〇一六年年初，幼稚園的許多家長聯合起來向相關單位反應後，沒多久就看到老舊的設備一一被拆解。

歷經兩個月的重建期，八月底再回到遊戲廣場，我們看到一個全新的設備大展雙臂地在那裡迎接著孩子們。那一天，我坐下來跟其他爸媽們聊天，說到市政府花費了十萬歐元（約臺幣三百六十萬元）的資金來重建這一個新設備。

看著新穎的設備，看著孩子們開心歡樂地攀爬遊戲在其中，我們真心感謝能生活在這一個願意關心孩童健康成長的美麗城市裡。

## ・德式慢養手札

※在德國的各個城市裡，大多設有給孩子玩耍的遊戲廣場，其規劃設計大都採用天然素材，讓孩子能夠接近大自然。除了出門走幾步路就能看到遊戲廣場外，通常在森林、動物園、農場裡，也都會有孩子的遊樂設施，由此可以看出德國這個國家、社會和人們對孩子們善意的關懷。

※在德國，一個地方只要住了超過三戶有小孩的人家，戶外多半就有提供孩子們玩耍的空間和設施。因此，除了學校的運動課程，德國小朋友能鍛鍊身體、釋放精力的機會其實很多。

1.具有一定冒險挑戰性的德式遊戲廣場。
2.新的遊戲設備一登場，孩子們個個盡情玩耍在其中。
3.德式遊戲廣場是大小孩的休憩天堂。

以拼圖來說，不只是讓孩子學習組織與記憶力，更重要的是，它能讓煩躁的孩子從中學習到什麼叫做耐心，有時一直跟孩子說要學習「耐心」，倒不如坐下來陪孩子拼一幅圖，等孩子完成拼圖，便已在無形中透過拼圖活動打開對「耐心」的體驗練習。

## 拋開3C，和小孩一起動腦玩桌遊

回想起來還真有點意外，第一回接觸到德國的桌上遊戲，其實是在我和先生到丹麥結婚的假期裡。

在這一星期的婚假裡，公婆為了打發無聊的夜晚，帶了很多桌上遊戲，每到晚上，公婆、弟弟、弟媳和我們夫妻倆，都會在租來的渡假公寓的長方形餐桌上，玩益智遊戲的牌卡玩到忘了窗外是零下十度的冷冽寒冬。從那一年開始，我的生活就和桌上益智遊戲成了形影不離的朋友。

而開始愛上桌上益智遊戲，主因是定居德國後，每回去拜訪公婆過小週末或節日時，我們夫妻與公婆在晚上總會四人一桌玩遊戲，並讓我們歡笑一整晚。

說來很微妙，家人之間在益智遊戲過程的瘋狂大笑，或是遊戲中勝出後的狂喜，就好像魔法一樣，將彼此的心快速拉近了。益智遊戲獨有的魔力，讓許多德國家庭在出門渡假時一定不會忘記在行李箱裡放進幾套。

♥♥♥

在聚會時玩桌上益智遊戲的風潮，在德國可不是大人獨有的休閒專利。在德國，有上千種針對幼童及孩子們設計的益智遊戲！

♠♠♠

恩典在兩歲多時進入幼幼班，從那時候起，我就正式接觸了幼稚園為孩子準備的簡易遊戲，隨著恩典來到四歲多，我發現孩子們能以益智遊戲學習的天空更加寬廣了，例如練習記憶力的動物記憶卡、讓孩子輕鬆學算數的水果拼圖數字卡……等等，不勝枚舉。

此外，德國某些圖書館中，除了有上千種不同類型的童書，也有針對不同年齡層的數百種益智遊戲盒依分類整齊排好，更是讓我大喊不可思議。

走進圖書館，就如同進入一座大觀園，常常不曉得這一回又會挖掘到什麼童真世界的奇幻之旅，從圖書館裡借回來的騎士尋寶圖、小熊堆木堆等桌上益智遊戲，可以與孩子共學，這些遊戲的設計，有些著重讓孩子練習專注力、有些偏重智力的啟發、有些是練習記憶力的開發。

♥♥♥♥

老實說，一腳踏進桌上益智遊戲的大人和小孩，往往會無法踩煞車，因為遊戲裡的樂趣滿滿，讓我們共同度過一次次美好的家庭時光，也找到讓孩子更輕鬆快樂去學習的方法，難怪大人和小孩都會上癮。

♠♠♠♠

除了可以從圖書館租借到桌上益智遊戲，德國一般的玩具店或書店也可以找到各類型的益智遊戲盒，許多人都會買益智遊戲來當成送給小朋友的生日禮物，而爸媽們要帶小孩出門渡假前，怕孩子無聊，打包一箱益智遊戲上路，就可安很多的心，不必擔心夜裡小孩叨叨鬧鬧。

德國為何會有數量如此龐大驚人的桌上益智遊戲？不喜歡宅在電視機或電腦前的人認為，家人與親友聚會時共同玩益智遊戲，是交流彼此情感的絕佳方式；有心的父母不希望孩子在下課後只守在電視機前，若家裡有不同的益智遊戲，一個晚上的時光就可以更美好的被使用。

幼稚園老師也跟我分享到益智遊戲對孩子的啟發。以拼圖來說，不只是讓孩子學習組織力與記憶力，更重要的是，它能讓煩躁的孩子從中學習到什麼叫做耐心，有時一直跟孩子說要學習「耐心」，倒不如坐下來陪孩子拼一幅圖，等孩子完成拼圖，便已經在無形中透過拼圖活動打開了對「耐心」的體驗練習；而對數字或邏輯世界的探索，孩子透過參與益智遊戲，才比較容易真的學進骨子裡去，這是因為——

♥♥ 遊戲帶來的學習效應，絕對比要孩子死背硬記更有正面效能。♥♥

### ・德式慢養手札

- 桌遊不是專屬大人的休閒活動，德國就有上千種為孩子設計的桌遊，既能滿足孩子愛玩耍的天性，釋放用不完的精力，還可以讓孩子從遊戲中學習、練習專注力……等等。
- 親子共同玩桌遊，可以培養彼此之間的親密關係、交流感情、互相瞭解。

| 1 | 3 |
|---|---|
| 2 | |

1.水果拼圖讓孩子學算數。

2.德國的書局有販售各類型的桌上益智遊戲。

3.益智遊戲以遊戲學習為出發點，讓孩子能更輕鬆地學習理性的邏輯世界。

# 媽媽，我要跟妳一起畫畫、跳舞啦！

每天從幼稚園回到家，他幾乎都會帶回幾張當天畫的新塗鴉，歡欣地對我說：「媽媽，這是我新畫的畫，要送給妳當禮物！」跟他一塊兒泡澡時，聽他每天哼著新歌曲；在學會老師教給他的舞蹈後，他會像小老師般要我和他一起跳、一起唱。

喜歡畫畫這件事，源自二〇〇三年前往以色列旅行的因緣。還記得，要前往以色列自助旅行三個月前的某個晚上，我正在冥想，突然內心有個直覺對自己說：在以色列旅行會遇見某個人，讓妳開始踏上畫畫的旅程。隨著那個靈感，我在旅行出發前買了一本畫冊及一盒顏料。真的！在那一趟旅行中，我遇見了藝術家**Tamar**，並跟著她生活一小段時間。她在自家牆面上繽紛的彩繪，就如同神對我的撞擊呼喚；離開**Tamar**，回到在耶路撒冷的住處後，每一晚，我都一邊跳舞、一邊完成心靈的塗鴉，不到兩個星期，那本小畫冊裡就塗滿了心靈感動的淚跡與舞蹈下的旅行心情故事。

這一趟以色列之旅，啟迪我對畫畫的探索，後來，每一回自助旅行前，我都會買上一本新畫冊，以塗鴉的方式來記錄旅行。來到德國的這些年，為了適應新國度、學習新語言、迎接恩典帶來的新生活挑戰、面對自己新工作的各種發展，不得不先將自己喜歡的畫畫或跳舞擱在一旁。

不過，每年冬天來臨，從幼稚園接恩典回家後，就需要陪恩典在家裡玩。要跟他一塊兒做些什麼呢？我無法像先生那般陪他玩那些樂高，乾脆就從我自己最喜歡的興趣下手。

就這樣，二〇一四年冬天、二〇一五年冬天，我的心靈塗鴉與勁歌熱舞又重新登場啦！而且這一回，換成我和恩典一塊兒塗鴉、一同三八瘋舞。沒想到，恩典愛上了跟媽媽一同塗鴉與瘋舞的時間，在幼稚園放學後，他常跟我說：「媽媽，我要跟妳一塊兒畫畫啦！我們再來跳昨天的那首非洲舞好不好？」

一位藝術治療領域的老師提過——

♥ ♥ ♥ ♥ ♥

「大人們，請不要再丟一堆無聊的功課給學齡前的小孩了！這個階段的孩子最需要的只有三件事：畫畫、唱歌與跳舞。盡情讓孩子去畫畫、去跳舞、去唱歌，他們就可以擁有一個身心健康發展的快樂童年，孩子天生就喜歡從這三件事的遊戲與玩樂中探索自己。」

♠ ♠ ♠ ♠ ♠

教養孩子其實是一趟重新打開父母創意生活的啟迪之旅，也是父母有機會修補內在小孩的神聖時光，一個允許自己透過養育孩子而勇敢打開自我內在小孩療癒之旅的父母，將有機會重新透過與孩子共同創作的時光，再度長出全新的創意力量。

♥ ♥ ♥

在孩子們尚未社會化之前，透過其繪畫與創作的純真，映照出身為父母的我們的生命本質也該如此自由。與孩子一起生活，讓我們親身體驗到，父母除了是

♠ ♠ ♠

♥♥♥♥♥

陪伴孩子的角色之外，孩子的出現也是生命邀請我們再度勇敢去創作。如果我們允許自己像他們一樣，常常放下界限，對生命如此敞開與信任，那麼我們的內在小孩將會回饋更充沛的歡笑與靈感，這時的大人們，將能不費力地就找到與孩子間的獨特親子創意心法。

♥♥♥♥♥

仔細觀察一下我家寶貝，每天從幼稚園回到家，他幾乎都會帶回幾張當天畫的新塗鴉，歡欣地對我說：「媽媽，這是我新畫的畫，要送給妳當禮物！」跟他一塊兒泡澡時，聽他每天哼著新歌曲；在學會老師教給他的舞蹈後，他會像小老師般要我和他一起跳、一起唱。

老實說，我想也沒想到，自己可以重新再拾起畫筆、重新再歡欣舞動，真的是託了恩典的福！光是畫畫、唱歌與跳舞，就可以讓孩子擁有一個身心健康發展的快樂童年，對大人來說，這三件事也一樣深具美妙的身心療癒力。

當媽之後再度塗鴉，雖然都是利用零碎時間，也持續好幾年了，看著新畫風，也曾擔憂不曉得自己會畫出什麼來，但我知道要回到畫畫的初心，回到當年的以色列之行，學習順著自己的心走。二〇一六年，我也將跳舞放進瑜伽課程裡，沒想到學生們舞動後全都好開心，下課後一一對我說：「真好，我們好愛跳舞時的自己！」

是啊！跳舞或畫畫不是只給相關科系的人的專利，那是每一個人靈魂裡本來就俱足的真、善、美，透過創作，我們釋放了對自己無法發揮創意的恐懼與不足感，透過自發性地創作，我們是在跟自己的靈魂自性一同共舞著、和唱著，一同揮灑出心靈世界裡的繽紛生命色彩。

| 1 | 4 |
|---|---|
| 2 | |
| 3 | |

1.皮爾斯夫人畫我們這一家。

2.恩典畫海盜船。

3.恩典送給媽媽的塗鴉。

4.去年將塗鴉作品做成咖啡杯及杯墊送給親友，看著塗鴉變成作品，心裡很有成就感。

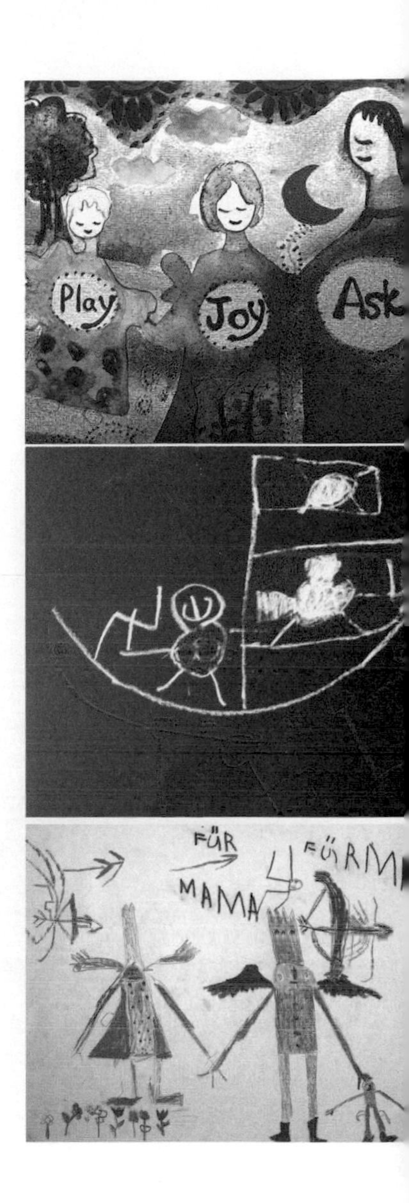


### ‧德式慢養手札

- 讓孩子畫畫的用意與美術無關，而是讓他們展現天性、發揮想像力、練習觀察力和記憶力等；另一方面，讓孩子畫畫也有助於即時宣洩情緒、表達情意，從孩子的畫中，能瞭解孩子沒說出口的心裡話、個性等。
- 讓孩子自在舞動，是很不錯的運動方式之一，可以鼓勵孩子以自己的觀點和感受來跳舞，舞蹈其實是表達自我的一種方式喔！

# Part4

# 孩子，其實是
# 爸媽的靈性夥伴

- 讓平安的心成為一家之主
- 德國婆婆媽媽老實說
- 媽媽，妳怎能不看重自己呢？
- 愛自己的媽咪，是家庭快樂的泉源
- 離開小別，讓德國爸媽更幸福
- 與我們的內在小孩同行
- 安住當下，重新看見孩子的童真
- 孩子也是我們的老師
- 孩子真的是我們想的那樣嗎？
- 愛上不完美的自己

# 讓平安的心成為一家之主

從孩子帶給我們的挑戰與考驗裡，我們內在某些更神祕的故事被揭開了，它可能是過往的傷與痛、不堪與辛酸，孩子是一個從天而降的光之使者，每一天為我們的黑暗面注入更多轉化機緣。

在這個處處高倡單身自由、完成自我價值如何重要的現代社會，想要走入家庭、生子當媽當爸的人真的愈來愈少，這樣的現象不僅存在於臺灣，也在世界上每一個文明高度發展的國家中上演，而曾經愛好自助旅行、到處流浪的我，也有過很長的一段時期，向眾人炫耀著自我實現的美好與不凡。

直到這些年進入了家庭生活、真正當了媽媽，我才慢慢體會到：真正的幸福，跟做了多偉大的志業無關，也跟是否有一大堆冠冕堂皇的經歷無關。

真正的幸福，說簡單卻也很不簡單，它與全然無私地奉獻自我有關，我需要放下自以為是的驕傲，願意屈膝在生命前為小寶貝把屎把尿；真正的幸福，好平凡卻也好不平凡，它與全然活在當下，接受如實的親子生活為我們帶來的種種挑戰與考驗有關。不過，這個平凡的幸福道理，我是在離開臺灣、生活在德國後，來來回回不斷跟自己內在的矛盾撞擊後，慢慢從痛苦裡脫繭而出所體會到的生活禪。

來自故鄉的價值觀、整個世界高速的文明科技演進，一直不斷催眠著我，一旦有

有了孩子，讓我們重新再跟天真喜樂連在一塊兒。

了孩子，生命就失去自由——與「犧牲自己」劃上等號，這份信念如鬼魂般尾隨我來到德國，深深挾制了我，有很多時候，我是沒有在當下的，心思常常懸在工作與未來上。

當媽之後，我分裂出兩個自己，一邊享受著當媽的幸福甜蜜，一邊承受著全職媽媽沒有工作收入的那種自我無價值感。這場身心失調的戲碼持續了很多年，感謝上天後來還是給我很好的因緣，讓我再度回到靈修這一條路。在每一天的冥想靜心裡，透過靜默裡內在的指引，我愈來愈清楚自己焦慮的起因。

我內在對生存的焦慮，有很大一部分來自過往生活經驗中要不要工作、賺多少錢有關，我把這些當成我的一部分，並將之做為評斷自己好或不好、成不成功的標準。因為深受這些訊息的挾制，所以即使生活在德國，很多時候內在仍然是焦慮的，而焦慮時的我，常常會想將孩子推開，導致恩典很黏爸爸。會想推開恩典，是因為我連自己的焦慮都無暇應付，實在沒有多餘的愛給孩子——沒當媽之前，內在那份對生存深深的焦慮與恐懼，總是大於我生活的其他所有層面，理所當然的，也大過於跟孩子親密相處的渴望。

## 給媽媽們的靜心法

每個媽媽都會在孩子誕生後，面臨生活時間大量被切割的狀況，如果無法再如單身時擁有完整的靜心時間，也可以在打掃或煮飯時，以手機或收音機為媒介，播放自己喜歡的身心靈演講或音樂。重複性高的單調家務事，往往可以因為一段激勵人心的演講或美好音樂而令人愈做愈開心，瞬間讓這些平凡的家務生活，搖身一變為愉快的靜心法。

此外，如果家庭生活與工作太忙碌，也可以利用孩子入睡後，讓自己好好泡個澡，放喜歡的音樂，點上蠟燭，在浴缸裡好好放鬆、深呼吸，這也是日常裡垂手可得的媽媽靜心法。

擁有比較多個人時間的媽媽，可以依自己的喜好，去尋求每個階段適合自己的靜心法，像是參加網路的共修會、每週固定去上幾回瑜伽課或舞蹈課、從網路下載自己喜歡的冥想練習等。靜心的目的，在於幫助我們從生活裡的角色暫時跳脫，單純回到自性裡的平安；透過靜心，可以連結神性的內在，從那裡頭，媽媽們將不費力地接收更多流暢的生活靈感，並開啟生命裡的深層智慧。

在還未找出內在焦慮的根源前，我總認為恩典處處與我作對，後來有了覺察，才瞭解自己體內一直攜帶著這些信念。在看自己、看世界時，如果沒有放下過往那些信念，我可能一輩子都學不會：工作與收入其實是一趟探索自己與生命樂趣的旅行，而當我問自己：「Am I enjoy my work? Am I enjoy my self?」我便不再受到「工作」的限制，而能體驗生命的各種可能性。

♥ ♥ ♥ ♥

反觀德國媽媽們生完孩子後的那份氣定神閒，某部分與這個國家支持女性去經驗當母親有關，她們之所以不焦慮，是因為生完孩子後，可以擁有十四個月的育嬰假，而且在生產後的一年內，還是可以領到百分之六十八的薪資。

♠ ♠ ♠ ♠

新一代的德國媽媽大多會選擇好好在家享受帶小寶寶一年的生活，我周圍很多媽媽們都跟我分享過，孩子出生後的第一年是媽媽最具挑戰的一年，卻是堆滿了最多甜蜜幸福的人生階段。當然，也有很多母親選擇在家帶孩子兩年或三年，不過，隨著歐盟在一九九九年推出共同貨幣「歐元」，二〇〇二年一月歐元開始啟用，德國的生活費開始節節高漲，所以大多數的家庭還是需要兩份薪水來供應生活開銷。

♥ ♥ ♥ ♥ ♥

姑且跳脫臺灣和德國兩國不同的民情與文化，母親這個角色總是會被社會高度期待，而已經成為母親的女人們，也會給自己設下很多要求與目標。然而，生命是一場關係的演化，我們跟自己的關係、跟他人的關係、跟家庭與社會的關係，繞了一圈終究要回到自己的心來下功夫。

♠ ♠ ♠ ♠ ♠

古人云：「家和萬事興。」說的就是修自己的心，養好自己的心性，心定的功夫到家了，那份愛就會是一個圓，那平安喜樂之光，會讓孩子與先生也跟著幸福歡喜；心不下功夫，即使是生活在德國這個福利這麼好的國家裡，照樣可以養出一堆問題小孩，或是衍生出一段失和的夫妻關係。

「生活禪」代表著我們慢慢可以超越二元評斷的世界觀——黑與白、對與錯，瞭解為什麼偉大的哲學家或神祕學家會說「孩子是神送給我們的禮物」，因為無知的迷霧不見後，我們才看得見孩子的高動能與無拘無束是神性本源裡的活能展現，而孩子的歡喜心，也會讓為人父母者再度憶起：我們的內在也有天真純淨的愛。

♥ ♥ ♥ ♥ ♥ ♥

那些孩子為難我們的時刻、那些讓我們頭痛且麻煩不已的狀況，是神抓緊我們、操練我們的心，要我們活在當下，如實地去接受生命每一刻的無常變化。從孩子們帶給我們的挑戰與考驗裡，我們內在某些更神祕的故事被揭開了，它可能是過往的傷與痛、不堪與辛酸，孩子是一個從天而降的光之使者，每一天為我們的黑暗面注入更多轉化機緣。

♥ ♥ ♥ ♥ ♥ ♥

我願意，繼續學習著讓平安的心成為我們的一家之主，這樣一來，家裡的每一個人自然會歸其所位。

# 德國婆婆媽媽老實說

當了媽的人，心裡多少都會有個母親的完美圖像。某一回，在瑜伽師資班的團體分享圈圈裡，Miriam很有感觸地哭著跟大家分享：「電視與雜誌廣告裡那些完美媽媽的圖像是騙人的！」

還沒當媽之前，有一次我去拜訪好友B，在聊天過程中，B不滿三歲的兒子賴在她懷中，一直不讓我們倆對話，一下子要媽媽陪他玩，一下子要媽媽帶他去上廁所。看在眼裡，我心裡有點怕怕的，女人有了孩子之後，被孩子切割干擾的部分竟然會這麼多？我沒問B是如何自我調適的，直到後來的某一天，我自己當了媽媽，還遇見一大票其他母親，才終於真正體會到，從女人跨進「媽媽」這個新疆界，生命不只是被切割，更像是被打破，然後走入一片又一片未知的挑戰。

當了媽的人，心裡多少都會有個母親的完美圖像。某一回，在瑜伽師資班的團體分享圈圈裡，Miriam很有感觸地哭著跟大家分享：「電視與雜誌廣告中那些完美媽媽的圖像是騙人的！」

每天穿著漂亮的衣服？身旁的孩子總是聽話又乖巧？住在整齊乾淨的房子裡？還有一個完美的先生？甚至能好好的渡假？在真實生活裡，大部分的媽媽其實跟她一樣：半夜，兩個孩子輪番哭鬧起來，她得與睡意和疲倦對抗，起床去安撫孩子；每天早上也是一場硬仗，要先早起打理孩子的早餐，還要搞定鬧情緒或有起床氣的孩子的衣服穿著，送孩子去幼稚園之後，還要趕著去上班。

下午兩點鐘，直接從公司趕去幼稚園接孩子，接著帶孩子到遊戲廣場活動或帶去上運動課；傍晚回家後要準備晚餐，等六點先生回家一起用餐；飯後，跟先生輪流陪孩子玩，七點半帶孩子上床睡覺，念床邊故事給孩子聽的時候，她常常累到念著念著就睡著了，有時孩子都還沒入眠呢！

縱然一週只工作三天，但不用上班的那兩天，她仍然像個陀螺般為這個家轉個不停，打掃及整理家務、採買食材及日用品、帶孩子上游泳課及運動課……，對Miriam而言，她唯一能為自己保留的，就是一週兩堂的瑜伽課，以及一個月兩天的瑜伽師資訓練課程了。

Miriam說，自己是一個相當要求自我完美的人，但當了媽之後，「完美」這件事突然離她好遠！有時候，她累到只希求孩子們可以安靜不吵鬧一個小時就好——單身前擁有完整的自我自由時間，在被兩個孩子占據後，真的有太多變化和挑戰需要親友的支持、瞭解，以及相當長時間的自我心理調適。

這番告白與情緒釋放，牽引著現場每個堅強德國媽媽們的內心，大家都淚流滿面，也都深深理解Miriam的心情，給了她溫暖的回應與擁抱。

我的瑜伽課裡有三位婆婆，透過幾回的課後聚餐，讓我瞭解到上一輩媽媽跟這個世代媽媽的差異。

在她們那個年代裡，婦女只需要將家庭主婦與媽媽的角色扮演好，將家裡打理得整潔有序、幫孩子及先生料理好三餐。以前的學校還沒有所謂的課後安親班，孩子中午放學後會回家吃媽媽煮的午餐，在家稍微休息後，跟媽媽一起做完學校作業，就可以外出玩耍——當時，媽媽們的生活目標很單純，全心奉獻給家庭和孩子。現代的媽媽，很多人都有很好的學經歷，生活也不再像過去一樣——女主內，男主外，所以很多媽媽都處於蠟燭兩頭燒的狀態，除了將生活大半時間切割給孩子和家庭，同時還要兼顧自己的事業或工作；因此——

♥♥♥

就算這一代教養孩子的資訊比上一代豐富很多，資源也發展得相當多元、充足，但在這個年代，媽媽們內心的焦慮感卻比上一代高出很多。

♠♠♠

我曾經問這三位婆婆報名瑜伽課的理由，她們都不約而同地表示，在將大半輩子都奉獻給了孩子和家庭後，如今孩子都大了，她們想要開始學習愛自己、活出自己，練瑜伽、做ＳＰＡ、當義工、上想上的課、到夢想的地方或國度旅行……，這在過往，是不可能實現的，如今，她們想趁著身體還健朗時，趕緊去完成。

♥♥♥

當然，她們仍然深愛著孩子，只是她們也在歲月的攀爬和歷練中學會——不再硬要自己當個一百分的媽媽。

♠♠♠

例如，孩子還小時，她們會很用心地幫他們準備聖誕活動和餐點，現在如果沒有心力或想輕鬆一點，就會跟先生商量好上餐廳過節。如果孩子有事，需要她們幫忙帶一下孫子，她們也很樂意，但她們有自己的生活目標與安排，所以必須事前幾週就先

| 1 | 4 |
|---|---|
| 2 | |
| 3 | |

1.當媽媽之後的學習與挑戰是一輩子的。

2.擁有一個孩子很甜蜜，也帶來相對的教養責任。

3.願我們的世界擁有更多包容不同女性需求的視野。

4.德國媽媽就算再忙也會擠出時間短暫留白給自己，去做運動也好，去練瑜伽也行。

約好時間。另外，由於明白孫子們的教養責任不在爺爺奶奶身上，所以她們盡量不去介入——孩子需要自己走一趟為人父母的歷程。

現代摩登家庭的德國媽媽們，為了在家庭和工作之間取得平衡，其實面臨了不少的挑戰。許多婦女在有了孩子後幾乎都難逃事業轉換跑道或調整工作時數的問題。在恩典讀的幼稚園裡，他們一班二十五個媽媽，只有三個是維持全職的工作，其餘的媽媽幾乎都是一週工作兩天到三天，或每天只上半天班。

德國家庭的經濟來源，目前仍是以男性（父親）的薪水為主，母親通常以半職的工作型態以兼顧養育孩子，當然也可能剛好相反，如果老婆的薪水收入比先生高，那就是老婆做全職工作，改由先生做半職（甚至不工作）來陪伴孩子，但這畢竟還是少數。大部分的德國爸媽認為，在孩子七歲之前，是最需要父母大量的愛與關注的時期，所以很多媽媽們會在這個階段裡將工作時間縮短，等孩子大一些，再將工作時數慢慢拉長。

只不過，生活的現實是，並非每個公司都對此樂見其成，願意聘用一個無法擔任全職工作的媽媽員工。

有的媽媽比較幸運，在家陪幼兒一、兩年後再回到職場，老闆願意給她半職的工作，讓她繼續發揮所長，但也有些媽媽會被公司調到較冷門的單位，讓她執行非她專業的工作內容。

此外，也有媽媽放棄原本的工作，選擇收入較低卻能讓她多陪伴孩子成長的工作，就像我的好友Carolin，原本在大醫院擔任職能治療師，一個月的收入扣掉稅金後，大約有一千八百歐元，但兒子出生後，她為了多陪伴孩子，毅然辭掉醫院的工作，先去上家庭保母的職業訓練後，轉行在家當保母。這份工作每個月的收入不到六百歐元，她維持每天帶三個小娃娃（兩歲以下）的工作量，一週工作四天，每天五個小時，以便兼顧兒子路卡，讓孩子中午從學校回到家時可享用到營養的午餐，還有時間讓她看顧孩子在學校的學習進度。此外，由於離開了醫院，不用再上大夜班，Carolin可以每週撥出兩個晚上去跑步或上瑜伽課。

整體來看，雖然收入少了一大半以上，但Carolin對家庭生活的滿意度卻提高很多，畢竟有了孩子後，事業對她來說成了次要，孩子的健康成長才是最重要的。另一位好友Eva是骨科醫師，生了三個小孩的她，一週工作四天，每天去診所六個小時，下午四點多就會看到她帶著小雙胞胎在玩耍。

每個穿梭在工作與家庭之間的德國媽媽們都跟我提到：「有了孩子後，教養是無法推卸的責任，她們無法再像單身時期那般，在工作上百分之百的全力衝刺，不得不開始轉變想法，並自覺地將體力、精神均等地分配到生活的每一個面向，可以去上班，可以繼續擁有自己的興趣和夢想，但前提是要能兼顧到家庭與孩子，當然，還得考量其中的緩急輕重、優先順序。」

孩子、家庭與工作之間的抉擇及平衡，挑戰著每一個女性、每一個家庭，路卡幼稚園園長Ursula在跟我談到這個問題時說：

♥ ♥ ♥ ♥ ♥ ♥ ♥

「孩子的誕生讓家變得完整，為我們帶來了無比的喜樂，同時也帶來了一場終身的教養學習課題。孩子不只是進入父母的生命世界，更將整個家族、社會系統密集串連起來，我們的世界還需要好多好多的改變和努力。我們是否能學習著將別人的孩子當成自己的孩子來愛護？每一個孩子的出生，不能只單靠父母的教養，孩子們的健康成長需要動員到整個社會和國家資源，而在女性擔任母親角色一職上，我們需要更寬容的去接受不同女性的特質與需求。」

♥ ♥ ♥ ♥ ♥ ♥ ♥

Ursula經歷過無法生育的痛苦，後來轉而投入幼教工作，將遺憾轉為更開闊的愛，三十多年下來已接觸上千名孩子及其家庭，「也許冥冥之中早已註定，這才是我生命得以展現的舞臺吧！就讓我們為女性們做更多的努力，讓每個女人都朝著她適合的樣子活出光采吧！讓那些想全職專心工作的媽媽，擁有一個健康可信賴的教育系統，放心將孩子交給學校，這樣她就不用被綁手綁腳，能如男性般為這個世界貢獻所長；讓那些熱衷於在家當全職媽媽的女性有機會獲得政府提供的薪水，而她們的伴侶及整個社會也能平等尊重著她們的愛與付出。最後，願那些無法生育或不想生育當媽媽的人，不再需要自責，不再受到其他人排擠歧視的眼光……。」

# 媽媽，妳怎能不看重自己呢？

走在路上，偶而會有陌生的德國人問我：「小姐，請問妳是來德國念書的嗎？」若是八年前的我，會因為不安而急著回答：「不是，我有工作，我在做……」如今，我會回答：「我不是學生，我是媽媽，我是一個快樂的家庭主婦。」

我這一生，從來沒有這麼長時間被人（老公）包養。過去，在臺灣工作十幾年，早習慣自己努力、自己拚命與奮鬥，來到德國，除了寫稿、教瑜伽，心思與體力也轉移到恩典和家庭事務上。老實說，出書、寫專欄及教瑜伽的收入，都被我拿來買飛機票回臺灣或旅行進修去了，我有好幾年自我價值感很低落，因為把全職工作、全職薪水視為個人價值，因此，被先生「包養」，竟帶給我一種失敗與無能感。

所幸，除了自我的身心靈學習，老天也不時就送上一些人與故事來安慰我、考驗我、提醒我。記得某次去一家飯店過夜，在機緣下，老闆娘邀我去她飯店的密室，坐在她布滿了西藏唐卡的靜心室裡聊了兩個小時。她有段話深深刻印在我心裡：如果能早二十年開始靜心，她應該會有一個很好的婚姻——曾經，她是一個相當不尊重自己、自我價值感低落的女人，因為內在這份意念，她先生配合演出了二十年，一直到她走上西藏佛法的學習及實踐，才終於有能力回到內在本源去與自己每個面向和好。

在媽媽和主婦的角色之外，我還要繼續以半X半家的方式，踏實地築我的人生夢！

或許因為自己有能力正視自我價值的課題了，某日，上天派一位女士來考驗我。一位女商人因為跟中國大陸有交易，便輾轉透過人找我做中間翻譯。這位女士五十多歲，已婚，經濟很好但沒生小孩。當我聽到她出價的翻譯費時，心裡不禁想：「我的價值真的那麼低嗎？」覺得不能對不起自己（否則，用來幫她翻譯的時間，不如拿來教瑜伽和寫稿），我直接反應說翻譯費太低，我做不來。她一聽，竟向我進一步詢問，有沒有辦法找到同樣是嫁到德國、在家裡帶小孩的華人媽媽，能幫她翻譯。老實說，我有種被歧視的感覺，但在她誠懇的請求下，我心想：「來都來了，就幫她一次吧！」那一天，她付了我一小時五十歐元的費用，還問我會不會太低了！這個人是來考驗我的界限的，如今，我終於有能力，說出什麼是可以，什麼是不可以。

我從這位女士身上，再次感受到很多人對母親或主婦的低價值感，她還向我提到，她另一個德國員工Christa也是家管兼媽媽，一小時只領十歐元。我內心憤憤不平：這個世界對一個女性放棄學經歷而在家當全職或半職媽媽的想法是什麼？難道所有價值都非得要以某某工作、某某社會崇高地位來認定？難道女人有高薪、有高地位，才會被自己看得起、才能被人尊重？人生的選擇題總要這樣為難著女人嗎？

結婚與不結婚，生與不生，生完馬上回職場，或選擇待在家帶小孩，不結婚就被別人當剩女。人生裡為什麼大部分人問的都是妳工作的薪水、階級爬到哪裡了？妳家孩子聰不聰明？別人已經學會的，怎麼他還跟不上呢？

人怎麼會活著活著，就麻木的忘記了人本來就不同，本就該各有所志的展現自己靈魂此生特有的光彩與道路，一個在職場上發光發熱的女人，跟一個熱衷於教養孩子的女人，難道不是同樣珍貴？我們還是跳脫不了那個框架，以有形、有錢、有實質的層面來判定自己的尊卑。每個人都可以自由選擇要結婚或單身、要不要生小孩，卻往往需要極大的勇氣，才能認清：雖然我會羨慕別人的生活，但我不是他，我有自己喜歡的生活，要以自己的力量去築自己的夢。也許，我們都要學習成為一個內心力量夠強大的女人，不斷且不厭其煩地提醒自己，尊重自己對家、對這個世界的貢獻！

是的，我也曾經是那個以有形擁有來判定自己尊貴與否的女人，幸好我發現內在看不起自己的幽谷，幸好我遇見那位飯店女老闆對我說的那段話：

♥♥

「如果妳的內心已經先不珍重、尊重妳自己，就別想要別人尊重妳。」

♥♥

這句話我一直放在心裡。珍視自我價值是一條漫長的路，歷經八年的自我覺察對話與練習，我無法說自己完全變成一個自信滿滿的女人，但至少已經能夠在與他人的關係裡，清楚明確地表達出那個界限。我還是會在乎別人對我的想法，但如果以前我在乎一百分，現在大概就是在乎三十分到四十分吧！我也學會了——

♥♥♥

不需要做到讓每個人都喜歡我，我喜歡我自己是最重要的，別人喜不喜歡我是他們的事。

♥♥♥

也許是因為釐清了這個部分，我終於能在親密關係裡跟先生聊起，我覺得我是一個半職媽媽、半職工作人，雖然家裡的經濟靠他撐著，但我愈來愈覺得自己對這個家的貢獻和他去上班是同等重要的，我不再覺得自己不如他。

我們的世界還需要大改革，應該要發展到讓在家當全職或半職的爸媽們都能領到政府給的合理薪水，一個家庭的穩固幸福，對國家與世界而言難道不是最重要的？老公，你的薪水有一半可是我的哦！

媽媽及主婦，是有生以來我擔任過最高難度，也是挫折感最深的兩個角色，讓我時常處在焦慮裡，但我並沒有就此放棄我的家，因為我不想再回到那個生活只賣給工作的過去。有孩子之後，陪伴孩子成長對我來說很重要，因此這些年來，我慢慢靠自己開創了一種專屬我個人的生活型態——一種「半X半家」與自我天賦實踐之路。

我還是那個築夢的女人，只不過此刻我築的夢多了兩個人，辦瑜伽工作坊、接採訪工作，先生與兒子成了我的兩大助手，陪我跑東跑西。八年後的我，學會了尊重自己的價值。走在路上偶而會有陌生的德國人問我說：「小姐，請問妳是來德國念書的嗎？」八年前的我會因為不安而急著回答：「不是，我有工作，我在做……」如今，我會回答：「我不是學生，我是媽媽，我是一個快樂的家庭主婦。」

我從很年輕時就離家，不喜歡回家，後來定居在德國，因為做了身心靈工作，發現原來有很多德國人也不喜歡回家，說到底都是跟原生家庭的糾葛有關。我從沒想到，有一天自己會變成一個黏家的女人，而先生常常上班到中午就想回家——回家放鬆做木工、跟兒子玩，晚上看電影、吃洋芋片，喝喝小酒。先生有時會開玩笑說，娶了一個浪漫的老婆不太實際，但又對我說：「還好這個家有一個充滿生活樂趣的老婆，還有對恩典的創意教養點滴。」他覺得跟身邊的友人比起來，我們家真的很幸福，真心感恩我對家的用心經營！他這樣想，讓我覺得自己對這個世界的貢獻真大！而我，會在媽媽和主婦的角色之外，繼續以半X半家的方式踏實地築我的人生夢！

## 愛自己的媽咪，是家庭快樂的泉源

德國媽媽雖然將孩子的教育放在自己的工作之前，但這並不代表她們對自己的身心需求與自我的內在渴望置之不理或輕忽漠視。二次大戰後，傳統德國女人一輩子為家、為孩子、為家庭付出奉獻，曾被認為是美德，但我認識的朋友談及他們的母親時，卻總是異口同聲說：「母親不快樂。」

上一代德國母職的典範是，將家裡弄得一塵不染，讓孩子、先生回家時都有可口美味的飯肴可享用，然而，新一代的德國女人並非不曉得家庭對國家發展的重要性，但受過良好教育的她們，雖然同樣要當個好媽媽，卻也不想放棄寵愛自己的各種可能性。有一回，我和Simone推著嬰兒車在公園裡散步時，我問她：「當初為什麼在孩子滿一歲後就準備回職場？會不會太早呢？」

「怎麼會？」Simone很誠實地與我分享，工作時她很快樂，滿足了自我價值的成就感，下了班去接孩子後，她反而更有能量可與孩子相處，而且家裡也需要兩份收入。Simone的先生也支持她的選擇，每週有兩天是爺爺、奶奶在下午兩點多去接孩子，這樣寶貝就有充分的時間與爺爺、奶奶相處，她和先生則是調配好工作時數，她一週上三天班，在這三天裡，就由先生負責早點去接孩子下幼稚園。

這樣的選擇其實是雙贏的幸福，Simone心有感慨的提到，她的媽媽是一個好母親，將一生奉獻給家庭與孩子，但她媽媽卻不快樂，到最後都無法為自己而活。看到上一代傳統女性的犧牲奉獻，她對自己說：「如果有一天當了媽媽，我要選擇當個快樂的媽媽，不忘記照顧自己內心真正的需求，絕不要欺騙自己。如果孩子上幼稚園，能讓自己有多一些時間照料好自己，讓生活更有成就感與價值，在媽媽有了自信與快樂後，自然也會將這份生活品質帶給孩子。」

當然，她能有如此的選擇，是有整個家庭的支持與成全，孩子並不是丟給幼稚園後就什麼都不管了，先生與公婆都有撥出時間輪流陪伴孩子。

她認為，孩子跟母親在家相處一年後，安全感已經奠定了下來，從這個養分出發，到幼幼班裡跟其他小小孩一塊兒生活玩耍，也是不錯的發展方向。她進一步表示，坊間有很多教養書教母親如何當一個好媽媽，卻很少有書分享女人如何當個快樂的媽媽，然而——

♥ ♥ ♥

能勇敢做自己、能意識到身心靈的需求、勇於追求快樂的媽媽，才可能教養出快樂的小孩。

♠ ♠ ♠

皮爾斯夫人心教私房話

## 媽媽滋養心法

媽媽是一個家的能量支柱，若能夠自覺地練習寵愛與尊重自己，是成為一個快樂母親的關鍵。女人一旦付出太多以至於失衡，除了會不喜歡自己，慢慢地也會開始抱怨先生與孩子。

媽媽滋養心法是給與收之間共榮共生的身心靈補帖，是相當個人化的，但大致上來說，女人不定期的與姊妹淘聚會、女人們一塊兒買衣服或上館子、找到適合自己的健身法且一週兩到三次的運動健身、洗三溫暖、定期接受身體按摩、不同類型的舞蹈學習、練瑜伽、學習花藝或園藝、學習烹飪新法、換不同的著衣風格、跟先生經常來個小約會、經常到大自然散步……等，都可以成為媽媽們忙碌生活之餘的滋養後盾軍團。

媽媽可以每週給自己一天的假，去做真心想做、快樂的事，一個月至少一天跟先生好好約個會，一年至少犒賞自己一次單獨的假期（進修、小旅行都好），透過這些週、月、年小單位寵愛自己的練習，妳將可以更輕鬆地讓自己成為一個幸福媽咪。

一個母親若身心有狀況，卻硬要當個全職媽媽將孩子強留在身邊，只因為認為那樣對孩子最好，卻看不見自己不快樂，其實對孩子、對家庭都可能帶來不好的影響，不如將孩子送到好的幼稚園，利用孩子不在家的時間充實自己、療癒自己，這樣才是兩全其美之道！

每個女人與孩子都是那麼的不同，無法完全將教養書奉為規臬，因為家家有本自己的經，必須依據家庭成員各自不同的需求與狀況，結合孩子不同階段的成長變化來決定，此外，還有評估妳和先生、孩子的種種狀況。

♥♥♥

不管什麼時候該回職場，都要不斷勉勵自己成為一個愛自己的快樂媽媽，而不是成為一個完美但不快樂的母親哦！

♥♥♥

Cirsta是最近來跟我學瑜伽的學生，年紀足以當我媽媽了。一天，她在瑜伽課後侃侃談到女人們與自己的連結，她有所感慨的提到，她這一生無法生育小孩，其實可能是幸運的，如果有了小孩，她認為自己很有可能會像她媽媽那樣，忙著打點家裡，忙著為孩子做好一切完美的張羅，卻完完全全與自己斷了連結，變成了孩子們心目中完美但不快樂的母親。

沒有孩子，讓Cirsta保有了更多自由的覺知，時時有機會與自己的身心做連結，當她問及我如何在家庭與自己之間取得平衡和快樂時，我坦白的跟她分享：在家當全職媽媽的第一年，我很享受看著恩典成長的那些時光，不過到了恩典快兩歲時，我愈來愈感覺到自己需要獨處的時間，在跟先生商量後，我透過朋友找到一位很好的保

| 1 | 2 |
|---|---|

1.德國桑拿三溫暖是我身心救贖的聖地。
2.允許自己更寵愛自己、更快樂，孩子自然會成為快樂小寶貝。

母，於是恩典每星期有兩個半天的時間是由保母照顧的。再三個月後，我們收到市政府通知恩典可以上幼稚園（幼幼班），從這個時間點開始，我慢慢踏進了一段自我探索期。

除了繼續我的主婦生涯，我也開始接受瑜伽師資的訓練。還記得，第一次離開家兩天去上瑜伽師資課，整整兩天沒有先生與小孩在身邊，而是跟一群喜好瑜伽的朋友們一塊兒沉浸在身心靈的洗禮時，身體一直在釋放情緒和壓力，眼淚掉不停。

在靜下心來的那兩天裡，我才發現原來當全職媽媽的兩年時光裡，自己的身心承受了很多壓力，我為自己設下了很多的「不允許」，彷彿當一個好媽媽就是要壓抑自己所有的渴望，要為家庭時時設想周到、二十四小時待命。不過，我知道這條路行不通，因為——

♥♥ 孩子喜歡看到一個快樂的媽媽，他們要的不是像無頭蒼蠅般做牛做馬的媽媽。♥♥

那一回的省思，讓我開始願意多愛自己，我開始去桑拿三溫暖享受自我時光，不長不短的四個小時，真的為我注入滿滿的新能量，所以當我去接恩典時，他會看到熱情開朗的媽媽。

還有那不定期的瑜伽或舞蹈工作坊，離家一個小週末，除了滿足了我熱愛的興趣，也讓我有機會一次次跳脫家庭生活，重整並注入新鮮活力。

說也奇妙，當我允許自己多享受跟自己相處的時間後，每一回再踏進家門，我都會明顯感覺到自己與孩子、先生的關係變得更親密了。

這樣一天或週末不在家當媽，短暫地回到單純做自己的感覺，事實上是利己又利家庭的雙贏祕訣，所以後來我也將這個正面的「逃離小假」回饋給先生。有一回，我看他工作太累，回到家後孩子又吵，便很乾脆地準備好他的浴袍，逼他離開家門去三溫暖放鬆一下——如果在家反而情緒不好一整天，不如離家去為自己充電來得好。那天，先生回來後果真「換了張臉」，和言悅色地跟孩子玩了很久，而我們也度過了一個家庭電影院的美好夜晚。

當媽之後，還能再度擁有自我幸福快樂的權利嗎？愈來愈多新一代的媽媽意識到，想讓孩子快樂的成長，得先讓自己成為一個健康快樂的媽媽。然而，健康快樂需要學習自我瞭解，幫自己的身心靈快樂找到最能釋放壓力的管道，也要幫自己找一群後援親友，想「放假」時，除了公婆與先生外，還有時薪的保母或周遭喜歡孩子、值得信賴的朋友可以交託。

# 離開小別，讓德國爸媽更幸福

隨著孩子的成長，爸媽也漸漸瞭解到，是一大群爸媽連結起來彼此支持的力量，成就了孩子及我們自己最豐富的成長學習。

對現代父母來說，從家庭加入新成員的那一刻開始，便正式進入與工作及生活大小事的拉鋸與調整，面對婚姻生活、面對養兒育子，相信很多女性都會有好幾個階段的焦慮與挑戰。尤其在有了孩子之後，母性使然，大部分的媽媽會將所有焦點都放在孩子身上，在這當中又該如何維持婚姻生活的品質？看看身邊爸媽們的夫妻相處之道，我發現了一個共同點：

♥♥♥ 有了孩子，並不代表爸媽就得失去跟朋友出遊的權利，或繼續學習或完成自我的可能性。♥♥♥

這當然行得通，前題建立在夫妻倆能給對方多少的支持度，此外，除了夫妻倆，周邊能協助照顧孩子的人力資源也可能是關鍵，而且還需要考慮到自身是否有可以運用的渡假零用金等等。

身邊常往來聯絡的六對夫妻，幾乎都是彼此相互協調，輪流在不同的週末離開

1.不定期的媽媽聚會，讓女人們小憩一會兒，暫時放下家務的繁瑣。
2.每一次離家兩小時的瑜伽運動生活，帶給我滿滿的新活力。

家庭生活，跟朋友去渡小假或進修學習。我的好友Petra生了兩個女兒，先生是英國人，她在星期一到星期五每天上班到兩點，下午帶孩子，每星期一晚上請保母帶小孩，自己去健身房運動兩個小時。等到週末，先生從英國回來了，她還可以在星期六不當媽媽；在她需要補眠時，小孩已學會不去吵媽媽，此時由爸爸負責帶孩子出去玩耍，她和先生兩人也常不定期跟家庭小別一下，各自去渡假。

有一回，她跟朋友去滑雪八天，回來後的她能量煥發。我在遊戲廣場上碰到她先生，他對我說：「老婆離家後回來就變新老婆啦！這樣的出走，每個女人都一定要勇敢去追尋。有捨就有得，暫時離開會更看得清我們擁有的是什麼。離開，可以吸取新知，令人身心愉悅、幫助夫妻婚姻幸福，這點可不能因為有孩子後就自動放棄！」

媽媽們可以離家渡假，那爸爸們呢？屬於男人們的娛樂當然也要繼續下去，爸爸們會不定期的相約上電影院去看科技動作片，之後喝點小酒調節一下忙碌的生活也是一定要的！此外，不定期跟友人來個週末假期，沒有小孩與老婆，純粹男人與男人，也許是登山之旅，也許是看足球賽。好友Antja說，先生出門休假回家後，主動分攤家務事的動力變大了，而且每次都會額外帶驚喜禮物給她和兒子。看來，婚姻生活要繼續美滿，夫妻雙方願意給彼此該有的放鬆、放空與成長的空間是關鍵之一。

不過，老實說，學習不定期短暫離開家庭，一開始並不容易，對許多女性來說，或許多少會帶些罪惡感或放不下心，然而，只要踏出第一步慢慢練習，就會發現離開後妳變得更寬心、更開朗。

身邊友人們的生活方式影響了我，這兩年，我也在恩典上幼稚園上軌道後，開始一趟趟離家學習之旅，有時是去拜訪好友，有許多回是因為進修課程。還記得前些日子離家搭火車前往基爾（Kiel），光是在車上單獨一人安靜的看書及聽音樂，心裡就是滿滿的歡喜，五天課程結束後，我帶著更多滿溢的愛與幸福踏進了家門。

有了孩子的女人們，到底該如何在家庭生活與自我完成裡找到最佳平衡呢？關於這一點，我想起多年前在為期一年的瑜伽師資訓練課程，結識了許多同樣是職業婦女的媽媽們。第一回連著兩天的密集瑜伽訓練課程結束前，有位媽媽激動地哭了出來，這是她生了兩個小孩（孩子已上國小）這麼多年後，第一次有機會重新單獨跟自己的身心靈好好相處，但她對於給自己個人時間其實抱著很大的罪惡感，直到先生推她一把，踏上自我追尋之路後，才慢慢放下那無名的罪惡感。

想必有許多媽媽們都像她這般，要為家庭、為孩子犧牲奉獻，然而，這幾年來，我有幸成為瑜伽老師，在外授課時常接觸到不同類型的媽媽們，我發現每一個願意踏進瑜伽教室的媽媽都有一個共識——再忙都要抽空來練瑜伽或運動，因為一星期兩回、每回三小時的瑜伽練習，總可以為疲累的身心靈轉化出平穩喜樂的新能量。

♥♥♥

一個懂得照顧自己身心靈的媽媽，較容易擁有平安喜樂的能量，來與孩子和先生輕鬆相處。

♥♥♥

不定期的離家小別，能讓婚姻生活更有新意，但如果沒錢也沒時間離開去充電，那麼我們可以從小單位的離開練習做起，找一家喜歡的瑜伽中心或健身房，培養自己的運動習慣，從一星期兩小時的運動時間，慢慢再追加到三小時。諸多研究都指出，培養運動習慣的人比不運動的人更容易有幸福感。

♥♥♥ 運動後腦內啡的上升，會讓我們更有能力以正向能量面對生活，來經營親子及夫妻關係；而留給自己喘息的空間與時間，也等於留給家人們空間與時間。 ♠♠♠

德國許多媽媽們都擁有運動習慣，以此來增進自我身心的健康幸福感。

此外，德國很多爸媽們會不定期安排孩子去公婆家小住幾天，或與友人協調好，當夫妻想來個小約會時，請朋友幫忙帶孩子，下回若朋友有需要，換我們提供幫忙。在沒有小孩當「小燈泡」的兩人約會後，爸媽都會活力滿滿。

還有，我們這一班媽媽，每個月都會有一天晚上在餐廳聚會，十多個媽媽離家兩小時在夏天的啤酒花園喝啤酒、聊天；在媽媽們的哈拉時間裡，爸爸們就在家帶小孩。平常媽媽們就算家庭與工作再忙，還是不忘傳個簡訊、Line問候一下，然後每星期找一個大家都湊得出來的時間，大夥兒一起帶著孩子從幼稚園直接到遊戲廣場；夏季時，大家也常各自帶上野餐所需的「傢伙」，將遊戲廣場當成聚會中心。

就這樣，大家心裡有了默契，再忙也一定會有這些小小的聚會，而隨著孩子的成長，爸媽也漸漸瞭解到，是一大群爸媽連結起來，彼此互相支持的力量，成就了孩子及我們自己最豐富的成長學習。我們因為一個孩子的誕生，學習著瞭解彼此的難關，也分享著彼此親子生活的樂趣。

幸福來自願意放手離家一下，好好運動、跟自己的身心靈單獨相處；幸福是爸媽以身作則，不花太多時間宅在電腦、手機上，親自帶孩子走出去，與他們一起探索這個世界；幸福也來自一群爸媽積極參與孩子的學習成長，幸福需要練習再練習，很棒的是，這些練習都不會白費，它會一點一滴累積在我們的幸福基金裡！

# 與我們的內在小孩同行

我們總以為是我們在帶孩子，但事實上，卻是孩子時時在啟發我們的心之眼……

在擁有孩子之後，我們都有機會重新與自己的內在小孩相遇，有機會再療癒一次，有機會讓自己再過一次童年。為人父母者像是向孩子借來另一段童年時光，透過孩子，打開了一箱跟生命之神密諾的神聖協議：透過孩子，我們需要勇敢地誠實向自我教育的旅程敞開自己。恩典是個鬼靈精怪又創意十足的孩子，但自從他的德語變得相當流利後，我和先生常常會受不了那停不下來的話語和搞怪表達。

♥♥♥♥

有時候我會思考，孩子不斷講話背後到底是為了什麼而焦慮，後來才發現，很有可能是我和先生都沒有真正安靜的傾聽，孩子沒有被真正瞭解——正因為不被瞭解，反而引發他說更多的話。

♥♥♥♥

此外，孩子因為在幼稚園裡與一大群人相處，身心其實有許多面向的融合正在發生著，而放學後的搞怪行為，不是他真的愛搞怪，有很多時候，那些讓父母大傷腦筋的行為，真的只是孩子在釋放他身心的壓力與焦慮。

♥♥♥♥

我警醒的想起，孩子在跟我說話時，我可能常常手邊正忙著一些事或在煮飯，就是沒想到必須眼睛看著他，聽他說話，不管他說的內容我喜不喜歡。我應該要讓他瞭解，我是跟他在一起的。

♠♠♠♠

想到這一點，除了讓我釋懷一些，也明白自己需要學習傾聽孩子的聲音。

♥♥♥

每一對父母，都曾盡他們最大的可能去愛孩子，但那些愛裡，往往也帶著很多無知、恐懼的信念，挾制著孩子的身心。

♠♠♠

到了我們這一代，大家都說這是一個新世紀的來臨，那意謂著過往絆住我們的那些屬於民族性的壓抑、屬於上一輩不要讓孩子飛上天、不能誇獎孩子的惡夢，需要一一地卸下。現在，我們有一個新機會去更新「信念軟體」，我們不只要學習傾聽孩子說的話，更需要傾聽自己內在的真實聲音；我們不只要成為激勵孩子的生命力，更要成為不斷鼓舞自己的神聖光源。

關於恩典喜歡不斷說話及表達的問題，我找到了根本的起因，內心也因而有很大的歡喜與釋放。我知道學習傾聽需要一段漫長的過程，與自己內在小孩的互相瞭解也需要一段時光，練習已經一天天開始了，我想起《傾聽的藝術》裡的一段話：

♥♥♥

「被傾聽及被欣賞的孩子，有更好的機會成長得更完全，而被傾聽及被欣賞的成人，也因此更能繼續感受到有人聽他說話、有人欣賞。」

♠♠♠

不被瞭解的感覺是人類最痛苦的經驗之一，不被欣賞、沒有回應，會把我們的精力掏空。與一個不聽我們說話的人在一起，我們會把自己封閉起來，而與對我們所說的話極感興趣又有反應的人在一起，我們會生氣蓬勃，整個人充滿自信。

當孩子來到三歲半後，一個小男孩為我開啟了男人世界的祕密花園。恩典喜歡與爸爸一起玩樂高，父子倆週末沉浸在天馬行空的樂高世界裡，一塊兒用樂高積木組成救火車或各種大型拖吊車，總讓向來不善於益智遊戲的我看得目瞪口呆。

除了樂高，我們一家人前往森林探險時，先生也為恩典撿來許多枝條並手作改造成木劍，從此他的小房間裡多了一箱森林寶藏，裡頭全是他和爸爸大大小小的木劍與打鬥工具。有時他一時興起，就戴起大海盜帽，要我與他一拚高下，後來我也會胡亂的與他吶喊嘶殺一番，其實結果不是誰比較厲害，而是小男孩的英勇好戰衝動得到了大大的紓解，而我內在的小女孩，也從那個閉鎖的小角落裡跳脫開來，闖入自己害怕的疆界，大膽地為自己在想像的戰場上努力奮戰著。

二〇一五年開始，小男孩對我說，他長大後要當救火員，於是我們在臺灣旅行時，便帶他去鹿港尋訪許多廟，爸爸對他說，在廟裡拜拜，可以向神明祈求你的心願。小男孩很直接的拿著香，邊拜邊向眾神明說他要救火員的車子。去年聖誕節，他果真如願擁有了救火車故事書，還有一輛公公送給他的救火車及所有玩偶配備，從此每天下了幼稚園回家，我和爸爸開始要輪流扮演救火員，與他一起去火災現場救人。

要陪小男孩進入男人世界的遊戲，而且又是我很不擅長的主題，一開始我總是意興闌珊。有一天，我靜靜看著他在床下的樂高世界裡，非常樂在其中地將兩個小玩偶放在救火車上自言自語，對話著要趕緊到救火現場。這一幕就像星火般喚起我沉睡中

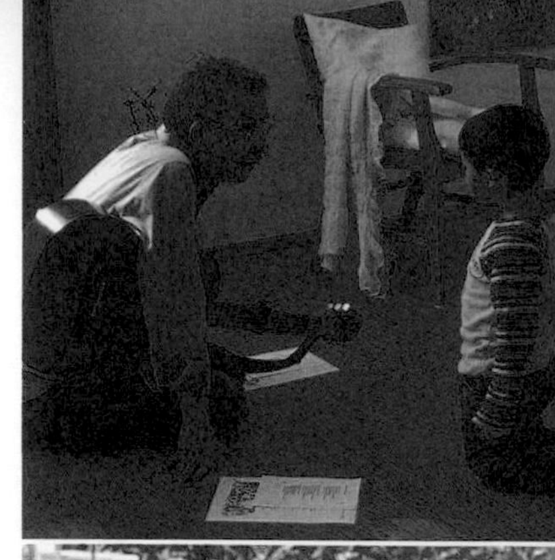

的心眼——那一刻，我終於看見了小男孩那一片遼闊無邊的想像世界；那一刻，我被神帶入孩子無限天真的美妙花園裡。

孩子們時時刻刻在向大人示現著來自神的充沛生命力與大膽野性，與不給自己任何限制的可能性，醒來後的心眼，澄黃黃的喜悅無限。

我主動問起小男孩：「我可不可以跟你一塊兒去火災現場救人？」

小男孩等我這一刻醒來已有一段時間了，他開心地對我說：「好！沒問題的，媽媽！但妳要配合我的口號與施令哦！」那一趟的「救火行動」裡，我發現到原來孩子要的是爸媽心同在的陪伴。

♥♥♥♥♥♥

我們總以為是我們在帶孩子，但事實上，卻是孩子時時在啟發我們的心之眼，有很多時候，我們必須學習放下自己的價值觀，在拿掉成見後，我們才看得見孩子的光點；透過那個「看見」，我得以毫不費力地躍入他內心的世界，透過那個「看見」，我才彷彿看見自己的內在小孩，得以在神的溫柔撫觸下，輕輕放下生命的許多無明恐懼與限制。

♥♥♥♥♥♥

| 1 |
|---|
| 2 |
| 3 |

1.孩子喜歡跟一個真正傾聽他的人在一起。
2.透過小男孩，我有機會再過一次童年。
3.小男孩的益智天空帶我進入男人的世界。

# 安住當下，重新看見孩子的童真

每個大人裡都有一個小小孩，趁著孩子的童真歲月，有兒子擠在我們夫妻倆之間撒嬌，我覺得我和先生其實是乘著孩子童年的羽翼，再度為自己的童年重新一筆一筆塗上新的色彩與故事……

夜裡，時間一到，恩典抓著他的小熊，咚咚咚地連跑帶跳，一頭窩進我們的大床（他有自己的房間，但有時還是會跑來跟我們睡）。愛撒嬌的他不蓋自己的被子，一下窩進我的被子，一下換邊要窩進爸爸的被子，我的枕頭有一半也是他的，朋友問我，他繼續跟我們窩著睡，會不會愈來愈不獨立呢？

其實，這個年紀的孩子，就好像一個七彩的風向球，他們開始發展自我、開始叛逆、開始會為了自己要的東西撒點小謊，開始會跟同伴們吵吵架，但同一個時間，他們仍是小孩。

他們的創意不斷，有時將兩隻腳同時伸進一隻褲管裡，對我說：「媽媽，妳看！我是一隻美人魚。」這天，他則將收集來的普羅旺斯小石頭，送一顆給媽媽，對我說：「這顆石頭裡有我的魔法，妳可以在碰到小偷或壞人時拿來對付他，或者晚上作惡夢時，可以對付夢裡的怪獸。」

恩典三歲多時參加家族生日派對，席間有位坐輪椅的九十多歲老奶奶。看見輪椅，大人想到的是生病，但對他來說，輪椅卻是新奇的玩具，他直接對老奶奶說，他也要坐輪椅，老奶奶一家人很溫暖，讓恩典坐在老奶奶的腿上，媳婦就推著老奶奶與恩典繞生日會場一圈。現在回想起來，心裡還是很感動，孩子眼裡的世界跟我們那麼不同，藉由他的存在，我們隨時都有機會打開新眼界，以及自我的童心世界。

隨著自己的工作愈來愈緊湊忙碌，坦白說，有時去接恩典放學，常會忘記放下還在工作狀態的腦袋，人是跟他在一起，心卻不在，還好有前一陣子的南法渡假，那是純粹的親子旅行，讓我的心可以再度與他同在。

♥♥♥♥

跟孩子相處真是最大的心性修練，當孩子無時無刻不分享他的所見所聞，叫一聲「媽媽，妳看」時，妳的心到底有沒有在當下呢？心與孩子同在，孩子就會平靜與快樂，反而不需要特別做些什麼活動，都會覺得很滿足。

♠♠♠♠

最近，我們常去一張等市公車的木椅上坐，說好要等公車，其實是曬太陽，小傢伙跨坐在我的膝上，用手將我的頭髮弄得亂七八糟，口中喃喃念著魔法咒語。半小時後，我們手牽手開心地回家。夜裡七點半，帶恩典上床準備睡覺，除了每天被他點唱睡前曲〈平安夜〉，我也會窩在床上陪他，那晚我將床上一隻身形柔軟的小猴子拿來搞笑，雙手合十後，做瑜伽，狗式、貓式、畫圈、吸氣呼氣，最後來聲「Namaste」！這個演小猴子練瑜伽的臨時搞笑劇，竟可以讓他笑到肚子痛，現在每天都應他要求，在〈平安夜〉外再多加一段小猴子練瑜伽及呼吸的戲碼。

有一次上完瑜伽課後，有位媽媽對我說，她的三個小孩都二十多歲了，孩子的每個階段都很特別，有美好、有困難、有挑戰，但她特別懷念孩子們還在念幼稚園的那一段童真可愛的歲月。

♥♥♥♥♥

我完全可以理解，小小孩在三歲到四歲的成長，除了體能上與心性上的多變化外，真是滿腦子的童真與創意，我們如果沒有一顆覺察的心，不斷提醒自己下了工作就放下工作，練習進入孩子純粹的生活片刻，就有可能會錯失孩子這一段寶貴美好的童真時光。

♥♥♥♥♥

回到朋友的問題：繼續跟我們窩著睡的恩典會不會失去獨立性？我想起婆婆提到小孩睡覺時包尿布的問題時，曾表示每個孩子脫離夜尿布的時間都不同，有的很早就自動跟爸媽說她／他不要包尿布睡覺了，有的則需要等到上小學了才行：

♥♥♥

「孩子的不同，需要父母學習接納，就如有的果子早熟，有的晚結，但絕對沒有時間早或晚那一方才是對的。」

♥♥♥

我想，對於恩典愛跟爸媽窩著一起睡，我不會如某些德國媽媽般那麼強硬，一定要刻意讓孩子與爸媽分開睡。每個大人裡都有一個小小孩，趁著孩子的童真歲月，有兒子擠在我們夫妻倆之間撒嬌，我覺得我和先生其實是乘著孩子童年的羽翼，再度為自己的童年重新一筆一筆塗上新的色彩與故事。我也相信，哪一天恩典的身心準備好了，就會主動來跟我們說，他想要開始自己一個人睡覺了。

| 1 | 2 |
|---|---|

1.孩子，我要永遠記得你的這張大笑臉！
2.孩子眼裡的世界沒有生病，他看到的是好玩、好好玩！

# 孩子也是我們的老師

前一陣子，恩典一放學回到家，我就會一直叮囑他要洗手，沒料到，有一天他很正經地對我說：「媽媽，我知道要洗手，妳不需要一直說、一直說，講一遍就夠了！」

十多年前，我在因緣際會下接觸靈氣能量工作，當了三年的靈氣老師，卻在一趟瑞士行有了重大的轉變。當時，我在感情上受創，在佛光山的瑞士道場住過一段時間；印象中，每天一大早，住持覺如法師不到六點就開始掃灑道場，然後誦經。而我，意志消沉、情緒低落，有時會暫離道場，到瑞士其他地方去旅行，期間常會接到覺如法師來電，問我：吃過飯了沒？身上的錢夠不夠用？我住在哪裡？

覺如法師的愛與關心感動了我，她很少跟我談佛法、大道理，卻透過行動對我慈愛的付出，這是頭一次，我真正感受到，人的本質是由內心散發出來的愛，這也是人與人親密連結的元素。

感受著她給我的愛，讓我反觀到自己被「老師」這個角色套住，竟不自覺地習慣站在高處向下指導別人，例如，我會勸告來上課的學生如何改會更好，卻忘了——人與人之間的差異和生命課題的進度，都不是我可以改變和干預的。

瑞士之行讓我在生命的低潮期遇見覺如法師，她純粹地給予我愛的關懷與陪伴，讓我體會到，放下身分就可以看見自己的盲點——每一場際遇，都是師者帶給我們的多元體會。

當媽媽之後，我那落入角色的慣性又出現了，經常堅持著要孩子接受我自己認為正確的事物。

前一陣子，恩典一放學回到家，我就會一直叮囑他要洗手，沒料到，有一天他很正經地對我說：「媽媽，我知道要洗手，妳不需要一直說、一直說，講一遍就夠了！」這個提醒，讓我看見自己又被好為人師的角色給套住——當媽媽不是在當警察啊！我知道，自己差一點點就會跨過那一條尊重的界線，讓那些為了孩子好的善意變成控制與嘮叨。

不過，當下我還是思索著，如何讓「洗手」這件事有個兩全其美的解決方法。後來，我對恩典說，以後我只會提醒他一次，「因為我相信你會自動去洗手。」結果，它奏效了，我也不用再當個嘮叨的媽媽啦！洗手問題讓我看見自己的慣性，也清楚瞭解孩子需要被尊重、被相信。

親子和夫妻關係，以及在生活中相遇的人，都可以是我們的鏡子與老師。在靈性的練習裡，我們需要不斷放下身分的框架，以一個更開闊的方式去面對或解決問題。並不是老師就一定比學生聰明或厲害，只不過老師有可能因為散發著對某個議題或領域的真摯熱情，而較容易打動人們，讓他們渴望跟隨那樣的老師認真學習。

♥ ♥ ♥

身為爸媽的我們並不完美，也不需要完美。在與孩子的種種全新互動過程中，其實也有點像在幫助我們釐清自己，並進行一次又一次的內在翻整與重建。

♠ ♠ ♠

我們常會忘記，自己的人生就是透過一連串的犯錯、跌倒又重新站起來的過程，而得以進入更深刻的生命體會，層層瞭解自己的正面與反面、優點與缺點、脆弱與堅強，即使是現在的我們身為老師或爸媽，不也還在一一體會嗎？

♥♥♥♥

當我們練習依著心裡的愛去與他人溝通互動時，偶爾要脫下角色的包袱，不需要太嚴肅地堅守生命的位置，有時上與下，有時下與上，盡情享受當爸媽的酸甜苦辣。這時，你就會看見孩子也是我們的老師。

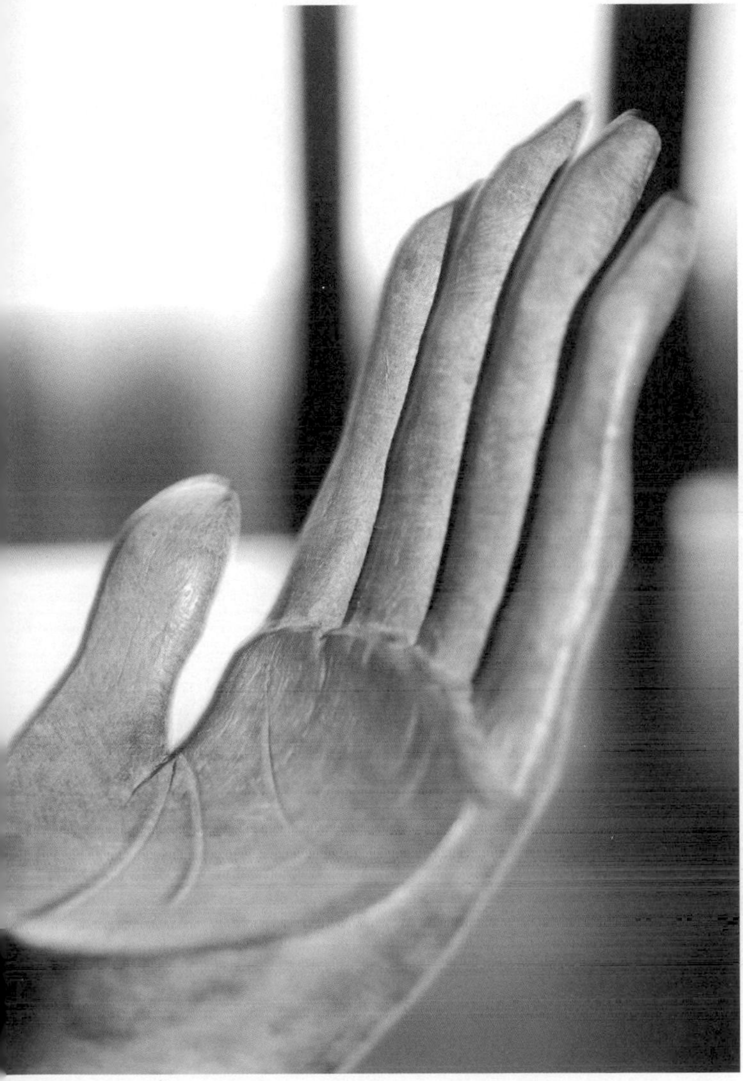

♠♠♠♠

生活處處是修行，相遇的人都可以是我們的師者。

在與孩子的種種全新互動過程中，其實也有點像在幫助我們釐清自己。

# 孩子真的是我們想的那樣嗎？

坐在後座的恩典突然帶著憤憤不平的語氣開口說：「爸爸，你上回批評某一所學校不好，怎麼樣怎麼樣，我覺得你那樣不好，我不喜歡你的批評，因為你根本沒有拜訪過那所學校，怎麼可以自己隨便下評論呢？你應該先去看過那所學校，再來說那所學校到底好不好！」

那一天，我們一家正開著車前往森林。途中，坐在後座的恩典突然帶著憤憤不平的語氣開口說：「爸爸，你上回批評某一所學校不好，怎麼樣怎麼樣，我覺得你那樣不好，我不喜歡你的批評，因為你根本沒有拜訪過那所學校，怎麼可以自己隨便下評論呢？你應該先去看過那所學校，再來說那所學校到底好不好！」

恩典的振振有詞，將我們這兩個大人嚇出一身汗，在他生氣地重複了兩遍後，先生笑了笑對他說：「好小子，有你的，真的！你說的這一點，我真的沒有想到，我在還沒有拜訪過那所學校前就先批評人家，那樣真的不好！下一回，我會小心我說的話與評論。」

恩典在爸爸給他回應後，口中還是念念有詞——

「對啊！下次不可以再這樣了，在不瞭解的情況下就批評別人，那樣很不好，我不喜歡！」

♥♥♥

在親子關係的形式裡，我們雖然是孩子的爸媽，但太多時候，角色卻常常是倒轉過來的呀！

♠♠♠

與孩子相處的生活點滴，常迫使我們打破自我設定的框架，放下心裡那些所謂當爸媽的應該與不應該。

說老實話，有時候我也會不自覺將自己束縛在身為媽媽該如何、身為爸爸又該如何的框框裡頭，之後，再繼續從那裡延伸出一大串的——「嗯！恩典如果怎樣就會更好了！」

♥♥♥

後來，我終於知道，之所以無法接納孩子的不完美，其實是自己不願意接納自己的不完美，那些投射會不自覺地放在最親近的人身上。

♠♠♠

正因為內心認為自己不夠好，才會覺得如果再多做些什麼或再多上些什麼課程，應該就可以解決自覺不夠好的焦慮。

我的孩子就跟我一樣鬼靈精怪，就愛無拘無束地去體驗生活的各種滋味，這其實反映出——真實的真我就如他一般，需要開心地、以玩耍的心情來體會生活，才會感到最自在。

與恩典這孩子一起生活，很好玩。透過他，我常問自己：事情真的是這樣嗎？孩子真的是我想的那樣嗎？生活裡碰到的那些人事物，真的是那樣嗎？那些一直以來我不間斷地想從靈修書或課程裡探詢的靈魂生命大道理，常常都在我放下它們之後才得以體會，在這當中，竟是回到生活裡、從最平凡的親子家庭生活入門，讓我的收穫及體會最多。

透過家庭關係的互相學習，我有機會從自我的深井裡向外探索——住在井裡的我，有時候會被自己的種種想法給卡住了，忘記井外其實有一大片藍天。

透過孩子，讓我發覺到，原來我最需要的是放過自己——當我放過自己，就會放過孩子；當我放下自己生活裡的角色——媽媽、老師、太太、作家——就可以更自在地上演及脫下戲袍。

我想要允許自己多做那些在日常生活中讓心裡感受順心和歡喜平安的事！生命不必超速前進，如果我注定要當一隻烏龜，那就單純享受用最「慢」的方式來欣賞生命與風的速度吧！

我想要學恩典那樣，放掉既有的對錯觀念，不需要每一件事都圓滿，不需要每一個結果都是對的，生活本來就是不上不下、不左不右，有時我們三三八八的、有時我們確實需要某一種規矩來穩住自己慌亂的腳步。我想學恩典那樣，直爽地說出他不喜歡誰或他好愛好愛誰，然後那些喜歡與不喜歡，很快又被他丟在腦後忘得一乾二淨地，繼續玩樂去！我想學恩典那樣，當一件事做不成時，不會先在心裡怪罪自己笨。

先放下又有什麼關係呢？

他知道，生命中還有許多驚喜在等著他，怕什麼呢！

1.孩子看世界的方式常常是顛倒著看，總是打破我的固執與疆界。

2.無法接納孩子的不完美，其實是自己不願意接納自己的不完美。

# 愛上不完美的自己

我仍然是那個逞強的大女人，知道教養孩子與家庭生活已經耗了很多心思與體力，卻還兼顧好幾份工作與興趣發展，然後慢慢將自己逼出了帶狀疱疹，一直到接受了這份挫敗，花了很多年跟這個痛共處，我終於感受到自己有了一股重生的力量。

在生活德國八年，友人問我，碰到的最大失敗與挫折是什麼？我想應該就是無法順利生第二個小孩。懷恩典之前，我就流產過兩次，後來他兩歲時，常用那會說話的雙眼問我：什麼時候要給他生一個弟弟或妹妹？有一回，他認真向耶穌禱告，那時我也還沒放棄，想再試試懷第二胎，但懷了兩次又都是空包彈——到第八週便沒看到心跳。因為這個失敗，生命拉著我、逼著我去面對關於失敗與不成功這件事，也讓我不得不再往自己的內心深處探索，不斷自問：「我真的想再生第二個孩子嗎？」

我的流產，顯現我深層潛意識裡，其實真正想要擁有更多自己的獨處時間，不想要再瓜分時間給第二個小孩，我想要將自己當成第二個小孩那般愛著自己。雖說比起亞洲人，德國人對個人生活界限較尊重，但我的德國媽媽閨蜜們各自生了第二個孩子後，初期仍會關心一下我們夫妻的進度，一年、兩年都沒消息，就沒再提起；公婆有五個孫子，從沒問過我要不要生第二胎，倒是我在面對先生時心理壓力很大。

記得因為第四次流產而傷心時，我去找了順勢療法師深談。跟他談起我在這件事上的挫敗時，我幾乎是嚎啕大哭地說：「我不能接受自己失敗，我怎麼會有做不到的時候呢？我是那麼怕自己跟別人不同，我不能接受自己生不出第二個小孩，原來我想要自己的人生只有完美與成功。」

我仍然是那個逞強的大女人，知道教養孩子與家庭生活已經耗了很多心思與體力，卻還兼顧好幾份工作與興趣發展，然後慢慢將自己逼出了帶狀疱疹，一直到我接受了這份挫敗，花了很多年跟這個痛共處，我終於感受到自己有了一股重生的力量。

這兩年，我終於跨出一大步，對先生說出內心的真實感受，說我知道他覺得擁有兩個孩子的家才完整，但我真的努力過，也盡力了，而且我不想去做試管嬰兒，我的身體是我的，無法再承受這樣的挑戰了。對於擁有一個小孩，而且恩典健康活潑，目前開始能擁有比較好的生活品質，我其實相當開心。我也對他說，我無法當一個再瓜分自己的時間給第二個小孩的媽媽，他要的那個理想母親會破滅，因為我除了是他老婆、是恩典的媽，也是一個有自己夢想的女人，女人那種經歷多次流產的痛，需要很長一段路的療養。

關於生第二個小孩，我與先生是不同調的，但我還是選擇回到對自身的尊重與疼惜——當然，這在心理上需要一個相當強大的力量來支撐自己——在這個課題上，勇敢地讓他看見我的界限。慢慢地，先生接受了這個現實，他也知道他跟我一樣，都需要擁有大量的獨處時間，以我們的體能，真的沒有餘力再去照顧好另一個新生命。

生不出第二個小孩，曾一度讓我覺得自己很失敗，但多年下來，我終於願意去承認生命不需要完美，不要再一個人將所有事都做盡，這些不完美，讓我學會對痛苦、對生命有更大的臣服，然後也因為臣服了，我開始可以欣賞自己生命裡那些無法完成及達成的事，包括我還是很怕水，無法學游泳，包括我是一個可以暢快書寫文章，但卻是一個記單字相當費力的人，包括我是一個朋友眼中注意力不集中的一族，包括我是一個在先生眼裡不夠精明的老婆，包括我是一個趕稿焦慮上身時，衣櫃就會亂七八糟的人。

恩典的好勝心強，某一回因為鞋帶綁不好就發脾氣大哭起來，在那個當下，我真的可以瞭解他的好強與挫折，幸好我是一個慢慢學會接納不完美的媽媽，所以我跟他分享了一個小觀察：「恩典，你想一想哦，媽媽很會拍照和寫稿，但到現在還是學不會像婆婆那樣做蛋糕，然後清潔功夫一級棒，爸爸也會修理家電不是嗎？但他卻無法像爺爺那樣彈吉他和吹口琴。」一聽我這樣說，他自己舉一反三說：「對，媽媽，就像我比較會畫畫，但Mattis不會，不過Mattis的數學就比我好啦！」

我進一步對他說——

♥ ♥ ♥

就因為每個人都不是全能、完美的，所以才有機會讓我們大家相互打氣，互補長短，共同生活在一起啊！

♠ ♠ ♠

聽完這番話，恩典破涕為笑地抱住我！

♥ ♥ ♥

身為父母，能夠擁抱及接納生命的失敗與挫折，這是我們能引領孩子的生命健康發展的重要關鍵，因為我們比較不會成為那種迷失的父母，極盡所能、無所

♠ ♠ ♠

♥ ♥ ♥

不用其極地要孩子成為一個萬能小孩，我們將有能力教導孩子：當他遭遇失敗與挫折時，視挑戰為人生風景的一部分里程。

♠ ♠ ♠

感謝自己從失敗裡長出新生的力量，如今我可以自在地跟孩子談挫折與失敗，向孩子真實坦承自己的不完美。

因為那份真實的坦誠，讓我們的家庭關係變得更緊密，而我心裡那個受傷的小女孩，終於慢慢長成一個比較成熟的女人，不再那麼懼怕他人如何看我。我將過往渴望別人認同及接納我的部分，拉回到自己身上，我不再將挫敗當成怪獸來攻擊，我看出生命的重生力量都隱藏在每一個挫折裡，在那裡，我們學習鬆懈對自己的荼毒，與對自我錯誤的認知；在那裡，我們擁有重寫人生程式的最高機密。

結語

# 微光在邊境

Lisa是我在瑜伽師資訓練課程裡認識的一位大女孩，在參加訓練課的第一個週末，她一知道我找不到住的地方時，馬上跟我說：「家羽，妳可以來我們學生宿舍住一晚，我有空房給妳住。」下了瑜伽課後，我跟著她回到宿舍，她已經將自己的房間整理乾淨，準備讓給我住，她則跟男友睡隔壁的另一間房間。

在準備晚餐的時間裡，她一邊煮東西，一邊開啟電腦，給我看她和一群朋友組成的小樂團在酒吧的演出。我問起她參加瑜伽師資班訓練的理由，這個小問題好像擊中了一個目標紅心點，Lisa提高嗓門大笑說：「妳準備好要聽我的故事了嗎？」聽她這麼一說，我一時間忘了肚子餓，要她先坐下來跟我聊聊，建議待會兒再煮晚餐，她很輕鬆地說：「沒關係，我一邊煮一邊說也行。」

最早，是Lisa的大學教授建議她學瑜伽的。她曾經有長達一年時間會胸悶、心絞痛，感覺心頭上被一顆很大的石頭壓住，呼吸無法順暢，非常痛苦，但去醫院做過各種檢查，醫師都說沒問題，很正常啊！她將這個情況對最信任、喜歡的指導教授說之後，指導教授問Lisa要不要試試看練瑜伽，也許身體上的伸展會對這個症狀有所幫助。Lisa乖乖去上了一個月的瑜伽後，胸悶與心絞痛不藥而癒，當她開心地跟指導教授分享這個消息時，教授又積極地要Lisa去完成瑜伽師資班，說她若有瑜伽師資，未來更可以將瑜伽的身心靈練習結合到教職工作裡，尤其Lisa的工作必須面對問題學生，如果可以讓這些孩子更早學會對自我身心靈的覺察，他們的生命肯定會有更健康的開展。

聽完這一段，我好奇的問她，為什麼她的教職工作要特別選那些問題學生。這時，Lisa已經將做好的晚餐端到桌上，坐下來後，她安靜地看著我一會兒，然後才又繼續說下去。原來，這得追溯到Lisa的童年，她母親患有嚴重的恐懼症，在她很小的時候，她媽媽就不斷對她們說外面的世界很危險，不能隨便出去；母親更常常將她們的房門反鎖，以免她們跑出門，直到青少女時期，她成功逃離家庭，找到社會局相關人士幫忙後，才一邊靠著社會局的協助，一邊完成自己的學業。

這一段對她來說是相當痛苦的童年經驗，但這不僅沒有擊倒她，反而讓她從那黑暗的邊境裡長出全新的力量，她想要成為一名老師，尤其想專注在那一群來自不健全家庭的孩子們身上，而Lisa真的實現了這份心願。

她對我說，「家羽，很多人都覺得德國是一個完美的國家，有比其他國家更好的教育制度與社會福利，這其實是真的，但德國的許多相反面向也同樣真實存在著。在學校裡，我帶了將近二十個青少年學生。妳可以想像嗎？那些為人父母者將自己人生無法面對的問題丟給了他們年輕的孩子，留給他們沉重艱難的生命考題。」

那些父母的問題大都圍繞在毒癮、酒精、家庭暴力、嚴重的情緒焦慮等方面，還有出生後很快就變成孤兒的孩子們。

她真的很愛這些孩子，為了教好他們，她除了完成大學學業，還特別上了蒙特梭利的教育培訓，她覺得蒙特梭利對每個孩子個別性的尊重與挖掘，更適合她帶的這一群孩子。Lisa和她男朋友都是老師，他們倆決定不生小孩，待年紀大一些，他們想領養問題家庭的小孩。她的眼神閃亮亮的，說班上的一個大男孩要參加足球賽，特別跑來問Lisa說：「Lisa，妳可以來看我的足球賽嗎？妳可不可以代表我家人來看我參賽？」那個十五歲大男孩的爸媽有嚴重的酗酒問題，當他提出這個要求時，她好開心、好感動，因為她知道，那孩子不只將她當成老師，更將她當成手足、家人般的相知相惜。

在瑜伽師資訓練快要結束前，我又有一次機會，再次借住Lisa的溫馨小窩。當我問起她那一群寶貝的狀況時，她一邊洗菜一邊開心對我說：

「家羽，妳知道嗎？我真的將瑜伽放進孩子們的學習課程裡，沒想到這些酷男孩、俏女孩們個個都喜歡，除了瑜伽，我還教他們靜坐，他們都對我說，有練瑜伽和靜坐後，課業學習起來真的比較上手哦！還有還有，我有一個天大的好消息要跟妳分享，前兩個月，跟我斷了十多年都沒見面的媽媽、爸爸和姊姊，我們終於再見面了。媽媽聯繫我，是因為姊姊生重病住院中，她問我可否回去看看他們。我覺得自己長大了，是該回去療癒這一塊了。那一天，媽媽向我懺悔了很多事，媽媽也知道姊姊的病是因為她的狀況引起的。媽媽知道我是一位學校老師兼瑜伽老師時，震驚不已，她無法相信我怎麼會如此勇敢地走出自己的路。」Lisa說，十幾年的分隔很長，要馬上化解一切的糾結是不可能的，但她母親想為自己的人生做的第一個改變，是向Lisa學瑜伽，學習解脫自己身心的痛苦。

聽完這一段故事，Lisa還忙著煮麵條，我起了身，說要去上廁所。我坐在馬桶上按下沖水鈕，趕快抽張衛生紙擦乾眼淚，幸好還有個小空間讓我躲一下，緩和一下激動的情緒。

過了三年，Lisa的生命故事時不時都還會滾燙在我的心上，我常覺得自己注定是一個要聽別人生命故事的人，是一個注定要為他們寫下生命故事的人，所以這一生有特別多的旅行、有特別多的奇妙相遇。

是的，就如Lisa所說的，德國不是一個完美的國度，這裡的父母不是神，有時候，我們需要用更客觀的眼光去看德國的生活與教育。這裡有健康快樂的父母，但也存在著許多對生命感到焦慮茫然的父母與老師；德國的教育制度與社會福利的確比其他國家健全很多，在這樣多元健全的體系下，生活著多元特性的人們。其實，不管生活在哪裡，如果我們的人生可以更早一些先知先覺，耐心熬煮專屬於自己的那一杯心靈雞湯，那麼在生活風暴來襲之際，我們都還能保有一個平安穩固的襟懷，不被生命擺弄的浮浮又沉沉——這個專屬的心靈雞湯，會慢慢成為讓我們一生擁有終極快樂的護身符。

我想起Lisa的故事，這一道微光在邊境的生命之歌，那個小女孩看透自己原生家庭的苦，大膽勇敢地往與父母人生的相反面走去，她之所以改寫了人生，或許是她很早就認清了一件事——邊境不會永遠在邊境，除非妳忘了自己也是一道光，而微光在邊境，將更顯得燦爛，因為那樣的一道光，是從一條長長暗黑旅程裡綻放出來的光。她為黑暗帶來重生的意義，她從一個問題家庭裡的小女孩，蛻變成問題學生們最愛的老師，這個微光在邊境的故事，會永遠待在我心裡閃耀著。

## 皮爾斯夫人老實說

在德國，教養小孩會比在其他國家更好，且擁有更健康幸福的親子關係嗎？

我想老實地說，答案「是」，也有「不是」。「是」的部分，在於德國的社會福利，整個社會環境提供給有孩子的父母的資源，的確友善且周全，滿多父母都樂於學習當一個尊重孩子自然成長的陪伴者。「不是」的部分是，每一種教育（即使是德國的教育）一定也有它的利與弊、優點與盲點，每一種教育方向的實踐，常常是順利成功與風險挑戰一起迎向父母。

在六年的育兒生活中，我因為身心靈及瑜伽工作的關係，有很多機會將觀察觸角探入社會的多元面向，我不得不說，再美好的國度、再健全的福利系統，仍無法逃離高科技快速生活型態裡，諸多人性面臨的焦慮與恐懼。

現代的父母大多想要當一個萬用、完美的超人爸媽（我曾是其中一個），導致他們有一種怕回家的症候群——上班和下班，永遠都逃離不了壓力。

德國的父母雖然比起其他許多國家的父母更願意花時間陪伴孩子，但也因為凡事要求完美的民族性，再加上雙薪家庭型態，大部分爸媽仍脫離不了家庭與職場兩頭燒的壓力，德國爸媽不是神，老師也不是完人，他們同樣在日常生活裡歷經著自我時間與家庭時間的拔河戰。

每一本書的出現，都是一個自我探索的邀請，在此希望有機緣讀這本書的讀者們，不要將我當成所謂的親子專家，我真的不是哦！

此外，德國真的很大，不同區域、城鄉間，教養孩子的經驗一定有著許多差異，本書的內容並不代表所有德國人教養孩子的觀點，我一個人一隻筆一雙眼，所記錄的單純是由我生活串連起來，關於周遭親友及個人工作或進修間累積的種種觀察。

請讀者們放輕鬆點，將我當成你今天碰到的某個路人甲，有機會跟你分享這些生命的歷程，如果我所分享的某些體會對你的生命有些提點與助益，我會很開心！但如果你看了本書，發現對你來說沒有用處，我也不會覺得不好，就大方點將書放下吧！

我始終相信，生命的價值在於自己的行動辨證，讀來的好東西如果沒體驗過，都不會成為生命的力量本源，看到別人活出的價值，我們終究必須回到自身誠實自問，這些真的適合我嗎？還是我想忠於自己創造出來的生活價值觀。

關於孩子的教養，每個父母內在都俱足了那把理解孩子最需要哪一種教養法的心鑰。頑皮搗蛋的小孩也許可以試試本書的小方法，但我不包準頑皮小孩只有一種類型（傷腦筋）；文靜害羞的小孩、天才型的小孩、各種我無法說出類型的孩子，都該有專屬的養育心法，所以千萬別將本書的觀點硬套在自己的孩子身上，雖說我是一個長期書寫累積自己教養孩子心得的作者，但我跟一般媽媽沒有兩樣，有很多育兒及家庭生活的挫敗與焦慮，有時我在生活裡可以做得很好，但大部分時間，我仍在累積學習當中，我仍在學習當一個更好的父母。

本書的最後一個部分「後記——醒來」，記錄了自己如何從想當完美母親，歷經崩潰身心而覺醒的歷程。我決定將這個部分的療癒書寫分享出來，是因為每一個成為父母的人一定會透過孩子的誕生，被生命推進一場面對原生家庭創傷的自我和解與療癒過程。身為父母，如果沒有整合這一塊，就會讓上一代的複雜糾葛影響了孩子，雖說療癒探索是相當個人的，但我覺得身為一個文字創作者，真實勇敢地書寫出自我生命的轉折，其實是創作裡最珍貴的部分了，所以就將穿越的歷程與我十多年來的心靈繪畫放進這個大章節裡了。

# 後記

# 醒來

# 愛的青鳥

是一朵流動的白雲，載著緩約的數息，共諾往天涯高飛。

是人來熙往的機場，擦肩而過熟悉又溫暖的旅人心扉。

是牽掛，融化成晶瑩、滴落在我手心的眼淚。

是風，出現的時候，愛人轉向漂離的思念長曳。

是你，大大身影，擋住我既來爾後的路，領著我往邊陌疆界裡，狂奔，尖叫。

是我，躲在你的臂彎裡，倒數著你左心房跳動的停格，前進，讓我找到生命裡真實呼吸的存在時刻表。

是夢，占據了我，所以我忘了現實的侷限，揹起行囊向異地險境裡大膽的發光。

是靈魂，在片刻裡曾經和我的許諾……

我願以愛之名追尋面對真實的自己，經驗超乎生命圖表之外更多的可能性，並且享用所有苦難裡為我奉上的恩典喜樂，享受反轉錯誤裡為我打開的豐富成長。

是愛的青鳥，住在我的心裡，等待我的這一瞬間。讓我再次遇見祂，明白今生我為何而來，又將從何而去，而今回來了，是為了另一次更寬廣深恆的飛行，曙光中我微微張開翅膀，準備展開等待好久好久的飛行，拍動著翅膀，抖落的竟是自己嚎啕放聲的哭泣。

我的飛行是一段穿往黑森林的旅程，有危險、難料的氣候，會迷失方向，會痛，會傷心難過，會寂寞孤單，但我知道只要勇敢張開翅膀，愛的天父一直都在那裡迎接我，而我一定會找到和祂共通的語言，還有那道屬於我與祂之間真正的風向……

# 醒來

二〇一六年四月生病之前，我處在一種焦慮感再度上身的壓迫裡。當時，我們一家從臺灣回到德國，我每日埋首在電腦桌前，很用力地在寫書稿，將自己逼得很緊，然後連續三個星期，我到幼稚園接恩典時，老師都對我說：「恩典從臺灣回來後好似變了一個人，行為乖張，情緒波動大，去臺灣前一切都好好的啊！」

開頭一、兩天聽老師說他表現不好時，我原本想：小男生嘛，皮了點很正常。不過，當每天都聽到相同的話後，我莫名地開始失控，變得相當焦慮，每晚都對先生說：「我們一定是太寵恩典了，再這樣下去，他會無法無天的。」結果，連先生也被我的情緒影響到了，我們倆每晚都像嚴格的教官，拿著放大鏡審視兒子的缺點並進行管教。

我們夫妻倆不會打小孩，但當時的我們根本是帶著相當大的焦慮與恐慌在斥責孩子。一天夜裡，我感受著自己僵硬的身體，突然震驚地發現，我的焦慮不只是在管小孩，也展現在我如機械般想要做好家事、當個好媽媽這些事上，我處心積慮地幫恩典做盡一百件細微的生活照顧，早上弄營養早餐、幫他配好衣服……。我的心被焦慮與緊張占據了，壓根兒都沒覺察到自己用力的方向錯了，導致那一陣子的我總是慌慌張張的。

後來，有一天晚上，先生到車庫去洗車，我則準備帶恩典上床睡覺，我忘記自己在跟他爭執什麼，後來他乾脆躺在地板上大哭大叫整整半個小時，我強忍著快爆發的情緒，在客廳整理洗好的衣服。當他發洩完後，我牽著他的手帶他去刷牙，說：「媽媽好累，我沒有辦法了！我為你做那麼多的事，卻發現你原來沒有任何感覺與感謝。我不想再做了！我今天不會帶你去睡覺、念故事書給你聽，我真的覺得自己很失敗。我真的好累，好累！」

聽完我的話，他安靜地進去自己的房間，我轉身走回自己的臥室後，開始崩潰大哭。我不曉得自己哪裡出錯了，只覺得我不想再完美、不想再努力了！

隔天，我就得了帶狀皰疹，其實在發病前，我已經腹痛兩個星期，但因為強逼自己一定要將書稿進行到一個段落，硬是把腹痛的事擱著，每天的情緒都綳得很緊。發病那天，如果不是好友Petra，我想我會硬撐下去。Petra本身就是醫師，她看到我肚子上長出一大串疹子，便要我趕快去掛急診，先生當時出差不在家，她還幫我帶恩典。

也是如大洪流的疼痛終於到臨界點了，我坐在急診室裡，一開始是忍住聲音低泣，後來簡直是無法控制的大哭。那一場病讓我整整躺在床上三個星期，並深切感受到帶狀皰疹的痛不是身體上的，而是內在的——那是從小被我壓抑下去的傷痛故事，它是一隻相當古老的疼痛怪獸，從童年就一直住在我的神經叢裡，等著有一天要敗部復活。在生病期間，我終於卸去想要當完美媽媽的束縛，容許自己脆弱及休養。

## 受傷的內在小孩

生病讓我從自己的焦慮惡夢裡醒過來，看見了我對恩典的教養方式，竟跟自己媽媽那麼像，我以為我不會複製媽媽創造給我的童年，但我卻在不同的年代與時間點，自己一手創造了類似的情境。我的內心有個重複的程式告訴著我，當媽媽，當女人，就是苦的，人生要很拚命用力才會成功，然後我想起童年的我，看見的都是媽媽很忙，忙著煮飯，忙著家裡工廠的工作，媽媽情緒不穩定，然後我心裡是多麼期望，媽媽可不可以停下手邊的忙碌，只要能多陪我該有多好。爸媽總以為賺更多的錢，就可以讓我們離幸福更近，他們終其一生就是用盡所有力氣讓家裡變得更富裕，但童年的我卻只有一個小小的願望，那就是爸媽可不可以不要用責罵及嫌棄的方式看待我，我多麼希望他們可以認同我，傾聽我，愛我，接納我。

那段生病的無用日子，讓我有機會一層又一層挖掘焦慮的源頭，身痛，心更痛，每天在床上哭，也突然醒悟地發現，原來我不能接受兒子被老師說不乖，以及她們不喜歡恩典的獨特個性與想法。那個部分觸動了我內在最深層的恐懼，我還是那麼害怕成為真正的自己。那個童年沒有被父母接納的痛，一碰到恩典無法被老師接納時，馬上引爆了我內在的未爆彈。在如實面對自己時，看到真相是，問題不在兒子身上，其實在帶著先生和兒子回臺灣之前，我的內心就很焦慮，那焦慮是因為面對母親時總會勾起我相當多的童年回憶，我以為這些事我不說，就不需面對，但後來我的孩子卻直接將我卡在最深層的這些痛苦，相當誠實地展現在他的幼稚園生活裡。

雖說從十八歲離家後，我就完全脫離了父母的掌控，完全走我自己想走的路，做我自己想做的工作，但我萬萬沒想到我內心那個受過傷的小女孩，還是在等待有一天媽媽會對我說：「女兒，不管妳做什麼，我們都支持妳，只要妳過得快樂就好！」

我想起這一生為了活出自己，多少次被朋友離棄，也難免會讓家人緊張與擔憂，但我卻在很小的時候就發現，我這一生來到地球，不可能成為父母要的乖小孩，我的內心渴望以自己的身體、自己的生命去體會什麼是挫折、什麼是失敗、什麼是活出自己，我十八歲離家時，家裡的經濟已算不錯，但我卻覺得自己是一隻籠中鳥，而之後一個人在外頭工作與念書，雖然沒有物質上的安穩，但我感覺我的靈魂需要這些體驗與學習。

回頭再看那個年輕的我，是有很多的叛逆與衝動，有很多對生命火光的夢想與熱情，我從沒辜負自己，一一去實踐了，只不過我想也沒想到人生會走到這麼一天，讓我有了孩子後，透過孩子呈現在外的問題，上天將這一個如此大的難題丟給我，祂要我去面對自己內心那一大塊需要被療癒的黑洞。這是一個機會，祂要我以某種更為寬廣的方式，去理解愛、去感受疼痛、去寬恕自己與母親、去重新學習真正愛自己、去表達愛、去再度活出本質裡那個屬於我個人的芬芳。

我不曉得自己需要釋放的情緒竟是那麼多，還好先生和恩典分別在上班及到幼稚園，上天送給我一段難得的好時光，我從那裡找回跟自己安靜相處的節奏，當那個痛來襲時，當故事畫面又出現時，我就是溫暖地擁抱著每一份的感受。每一次靠著接納情緒的流動，都讓我深刻感受到內在一層層被隱藏的痛慢慢地自動剝落，後來順著那靈魂療癒的流，我又休息了兩個多月，完全將寫書這件事放下。

## 放手信任孩子

我繞了好一大圈，才如實面對自己的內心。慢慢的，我終於懂得兒子不需要一個幫他打理一百件生活瑣事的完美母親，而他在幼稚園裡感受到老師們對他的不接納、批評、大吼大叫與不尊重，這簡直又是我童年的重演。我在生病後「醒來」，放下控制與焦慮，才清楚地看見——我的孩子其實就是我的內在小孩。某一夜，我抱著他淚流滿面：「媽媽錯了，愛你的方式錯了，媽媽要重新學習愛你，請你原諒我。你一定要記得，不管老師們喜不喜歡你，你千萬不能忘記，在爸爸媽媽的心裡，你真的就是最棒的，我們信任你也接納你，我們真的很愛很愛你！」

聽我這樣說，小寶貝好像也獲得情緒大解放似的，跟我抱在一起大哭。後來，為了舒緩他在幼稚園的狀況，那陣子我都會找一天帶他翹課，到城裡吃冰淇淋、一起騎腳踏車兜風賞景等。我不把焦點專注在孩子的問題上，只是接納他的情況，不再批評、糾正他。此外，我也一改帶他去幼稚園時總要叮嚀一句「要乖」的習慣，改而對他說：「寶貝！祝你今天玩得開心，好好享受新的一天哦！」下午去幼稚園接他時，也完全不過問他今天在幼稚園發生什麼，就只是單純跟他的心在一塊兒。那一陣子，我還帶他去上兒童運動課，並和先生一起帶他去上游泳課，就這樣，一個月後，那個自信開朗的恩典又回來了。

我和先生從擔憂孩子而糾正他的行為，轉變成真心去接納與聆聽孩子的心情，並且在家長會談裡真誠地跟老師討論，可否不要以高分貝的斥責來要小男生們乖乖聽話，「這樣的方式我也試過，但總是兩敗俱傷。恩典有很多優點，他是一個很有正義感又十足幽默的孩子，很多媽媽都跟我誇獎過恩典的善解人意和熱心助人，老師們其實可以好好讓他在團體裡發揮他的優點和專長，而不是要他跟其他小女生一樣很乖、很聽話。」

大人們上班時，一想到老闆與同事每天都要來的批評與嫌棄，都會心情很不好了，何況是小孩子。更不用說，此時正是孩子建立自我價值最重要的階段，我們應該要給他們更多正面的鼓勵與接納，當然，在某些時候，孩子真的需要我們的管教，但管教的切入點如果是出於一顆穩定的心性與眼神，並能夠好好跟孩子說，一定是行得通的，然而，長期的嚴厲斥責，則是傷己又傷孩子。

我和先生其實都可以體諒，三位老師要帶二十五個精力旺盛小孩子的壓力。我從不認為送孩子上幼稚園，老師就得負起教養孩子的全部責任，爸媽給孩子的愛與身教，才是孩子建立自我生命的最佳磐石，但出生於亞洲，教育體系裡那種「小孩只需要乖乖聽爸媽的話、聽老師的話，將書念好就行了，其他什麼都不重要」的信念跟了我一輩子，所以即使可以一個人揹起行李去旅行冒險，但很多情況下，我卻無法為自己和他人之間劃出清楚的

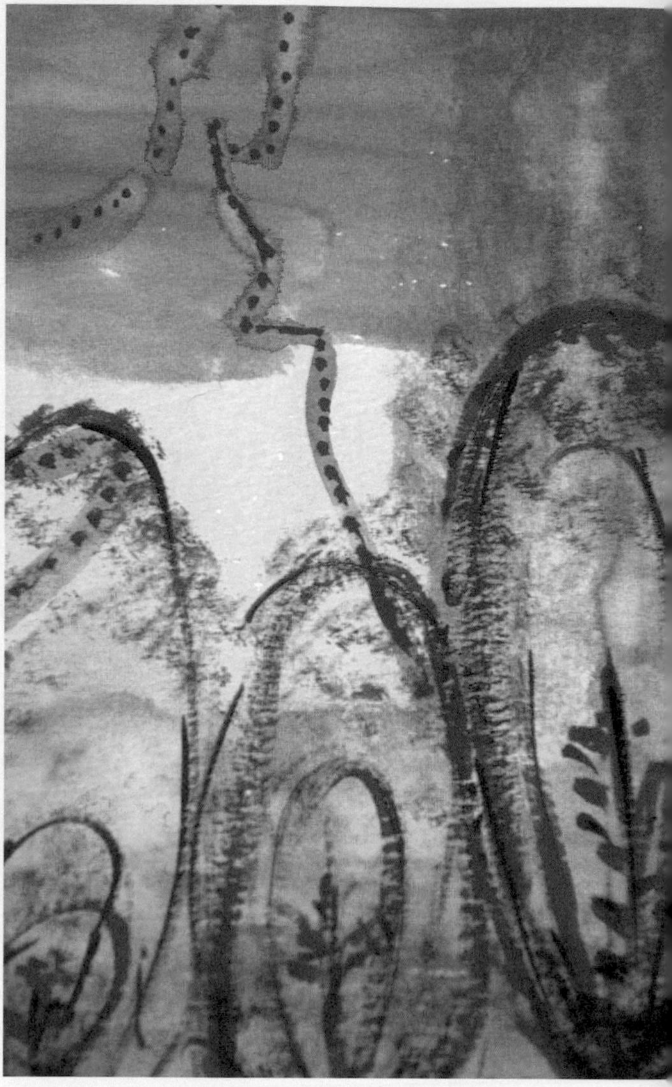

界線——對我來說，要提出希望老師們調整對待恩典的方式的要求，實在是一大考驗，但我需要突破自己。在表達出自己的看法後，我也學習放下「老師們可否真的轉變他們對待男孩的方式」的擔憂，因為我和先生已經更懂得如何愛恩典，也完全接納他，我們給孩子的那份堅定的愛，足夠讓孩子去面對在外可能發生的挑戰。

關於小男孩的過動與坐不住，我真心覺得當爸媽與老師的，千萬別在這一點上太過鑽牛角尖，反而要去挖掘孩子最擅長的地方。當音樂老師說恩典坐不住時，我也曾氣餒過，但後來我對自己說，他在這個階段就是不喜歡音樂，為什麼一定要逼他？當我帶他去上兒童運動課時，我發現他的身體真的需要很大的活動量，而他對我說：「媽媽，這些運動我真的很喜歡，我玩得很開心哦！」他從運動裡找回自己的光采與自信。當我放下要當完美媽媽的那一刻，我也同時放下要培養一個萬能小孩的癡夢——我要兒子幸福開心，真心相信上天一定會照料與看護他的生命；他是這麼棒的孩子，一定找得到他自己的一席之地。

當我以更純淨的愛接納孩子，放掉心中對老師們應該如何轉變的期待，加上自己持續的清理與靜心後，孩子從之前相當害怕去上幼稚園，又恢復到每天期待去上幼稚園了，然後我慢慢發現到，孩子會開心地跑去跟老師說再見，而老師會溫柔地輕輕撥恩典的頭髮；我聽見恩典跟老師要E-mail，說要邀請她來參加他明年的慶生會，我看見曾經臉部很緊繃的老師多了放鬆的笑容與開朗。當老師說，恩典最近幫她很多忙，情緒很穩定、很開心時，我馬上說出我對老師辛苦對孩子們付出的感謝——老實說，在跟老師會談後，我就持續向神禱告著：「我知道老師都很辛苦，請神賜給我更溫柔的心去看待老師。」

我和先生其實都相當感恩孩子發生的這些狀況，透過孩子的問題，我療癒了自己的童年，我們一家人也因為恩典而變得更緊密相連。

## 教育是愛與清醒的心

那一陣子，我也和先生談了很多彼此童年的故事。

我們再次深深感受到，養育孩子給了我們一個新的機會來深度瞭解自己；我們也發現到，自己（和老師）對於控制教養的種種迷失，我們在那裡迷失了愛，我們將力氣放在每一種評比與結果論上，而剝奪了孩子的獨特性和體驗生命的挑戰；我們害怕孩子失敗，是因為我們無法接受自己是不完美的，我們渴望孩子依照我們的想法來生活，但這是因為我們的內在有一個失控並充滿恐懼與慌張的生命步伐，所以不斷將自己投射到孩子身上，要他們活在那些框框裡。

如果爸媽及老師沒有真實面對過自己與原生家庭的種種糾葛，走過自我覺醒與療癒這一塊，並且選擇在自己生命與整個社會體系架構的交錯制約下，活出真正的自我，那麼現今制式教育體制帶給許多孩子的身心痛苦仍將持續下去，因為這世間的存在法則是——每一顆帶著傷痛的心，都會繼續輪番上演著受害者與被害者的角力戰，而一顆恐懼的心是無法教育孩子的，或許能照料孩子的生活起居，讓他們不愁吃穿、上學去，但我們將無法取得那一把打開孩子心鎖的鑰匙。

恐懼只會引發更多恐懼，不可能教會孩子真正的愛，只會讓孩子更害怕自己的生命，除非身為大人的我們醒過來。因為唯有一顆清醒過來的心，以身作則地活出對生命的信任與平安，才能讓我們更不費力且自在地深入孩子的內心，並與之共舞。

一顆醒過來的心與生命，會成為天降的甘霖般，感染著孩子去體會生命的甜美與驚喜恩典，引領孩子學會看重自己的生命，敬愛自己的獨特性，懂得欣賞自己，更願意為他人的發光發熱而鼓舞同慶。

## 放下重複記憶，回到最初的愛

三個月的自我療癒覺醒期間，不曉得為什麼，我突然想將兩年前沒有看完的美國影集《Lost》繼續看完，《Lost》講的是因為飛機墜毀意外，而來到神祕熱帶小島的倖存者們的故事。我發現到，這些因為意外而被迫來到一個跟自己原本生活軌道截然不同的國度裡的人們，在面對不可知的危險人、事、物之際，他們的種種反應，竟仍迷失在過往生命裡與原生家庭父母或親友間種種的記憶重播模式裡。那份迷失其實早在他們來到小島前就存在了，只是都無力察覺。看著劇中每位主角與自己父母之間的愛恨糾結，我好像透過電視螢幕重新看一次自己的生命戲碼，隨著劇情的起伏掙扎與淚流，最後一集，當他們在天界再次相逢，回到最初的愛裡，彼此釋懷，心裡明白，迷失在小島的那一段日子，是大家靈魂裡早已默許要透過彼此的際遇來喚醒生命裡真正的自己。

這部影集讓我想起，父母就是冥冥中跟我約定好，要在這一世互相成就彼此的，他們需要扮演我的黑天使，讓我以某種更快的速度覺醒，走自己的路，他們以黑天使的姿態讓我更清醒地勇敢築自己的夢。在我因為覺得自己無法成為完美母親而崩潰的那一晚，我彷彿穿越了時空，第一回深深感受到母親拉拔六個孩子，身心所承載的那份焦慮與苦痛，而在那一份高壓的情緒裡，還住著一個六歲的小女孩，她從很小就需要離家賺錢給她的母親養家。我淚流滿面，哭著向神禱告，請協助我療癒我和爸爸媽媽的傷口——雖然他們給過我傷痛，但卻真的盡了最大的力量愛我了。

在療癒的過程中被無盡的淚水洗滌後，我的心慢慢有種撥雲見日的柔軟，不由自主地回想起這一生中跟爸媽相處最甜美的回憶。我想起媽媽的幽默與風趣，有一回跟媽媽在醫院照顧爸爸，要幫爸爸拍背，好讓他能順利將痰排出，當時媽媽對我說：「趕快趁這個機會大力拍啊！平常要打你爸是不可能的，現在我們終於有機會了。」我和媽笑到不行，嚴肅的爸爸好像也拿我們倆沒辦法。

還記得好久以前，媽媽曾經到過我在淡水的住處，當時我在牆面上畫了很多畫，媽媽後來私底下對妹妹說：「想不到妳姊還滿有畫畫天分的。」然而，某天我拿自己的畫給媽媽看時，她老闆娘的架勢一擺，對我說：「是畫得不錯啦！但這又不能當飯吃，妳難道不知道，每天妳醒來去上廁所沖的水都是要花錢的？」說完，她自己還大笑不已！此外，每次從德國回臺灣，媽媽都會特別準備很多我們最喜歡吃的臺灣家鄉菜，她對我先生也特別好，雖然彼此語言不通，但兩人比手畫腳溝通時特別有趣。媽媽看到先生時都說：「德國人和親友見了面都要抱抱。好！來，趕快來抱抱！我沒問題！」

我想起二〇〇九年一月，我從丹麥打電話回家，跟爸爸說我結婚了，當時已病重的爸爸在電話那頭嚎啕大哭，之後才用臺灣國語說：「我知道妳先生很喜歡吃烏魚子，我們幫妳買了十幾斤，可以讓你們帶回德國，吃一整年都沒問題。」我帶先生回臺灣見爸媽時，爸爸已是癌末病人，有一天，他要我和先生到他房間去。我們走進房裡，他就從抽屜裡拿出兩千美元交給我們，然後握住我先生的手，要先生一定要好好照顧我，因為他不知道自己還能活多久，接著他又對我說：「不要跟妳媽說哦！錢我是偷領來的。」

關於爸媽為我們六個小孩的付出，其實有好多好多，我對自己說，每天要練習去找回跟爸媽之間的甜美記憶，然後用下半輩子做一個覺醒的母親及女兒，我願意回到愛最初的本質裡，為自己的人生重新出發，真正去愛自己，活出最快樂的自己。我明白，與原生家庭的療癒及和解，其實需要很長的一段路，但我已將自己的生命再度交給神，我深信神的恩典自會為我領路，而我真心願意不間斷地為父母祝福與禱告。

## 活在當下，一刻一味

二〇一六年四月初那個焦慮於寫書的我，因為一場病，讓我卸下所有緊握在掌心裡的各種計畫。在新的旅程裡，上天引領我再度回到平安之道，這是一趟向內走的旅程，這才是我一生可以安身立命的香格里拉！祂讓我看見自己在焦慮下訂出的一百件行動與計劃，一件追完，還有九十九件，那場焦慮的長跑是不會有終點的，會讓我達到目標後繼續空虛下去，更會讓我活著但每一刻都如在幻夢裡，追著過去的記憶跑，並擔憂著未來的假象。

風和日麗的陽光清晨裡，祂坐在我身旁，輕輕對我說：「幸福的滋味有平安，也帶著某種想要探向未知生命的興奮感。渴望快樂幸福的人需要有顆金剛心，需要如傻瓜般帶著無比信任迎向未知，勇敢讓自己跳進新的冒險裡，唯有那樣，妳內心的喜悅感才能再度回流至宇宙活生生的恩典流暢裡。讓妳自己如孩子般活在當下，盡情遊戲，但不要管遊戲的成敗。去禮敬生活的每一刻，明白生活當下的『一刻一味』就是安身立命的廟宇殿堂；去歡笑、去慶祝生命，如一個天真的孩子狂舞在春風中。」

與祂同行的我，如一個重新活過來的人，享受著每一天，我在煮飯的時候唱著情歌，我在刷廁所的時候扭著屁股，我享受著跟先生與恩典騎著單車……，謝謝太陽愛我們一家人，用它的熱力親吻著我們身上的每一寸肌膚。然後，六月底再度提筆寫書時，我發現自己的手與心都是祂的愛語，當我外出走在街上，我看見每個人都如祂那樣，回應給我滿滿的溫暖笑容，我在書寫裡忘了時間與自己，我發現自己心裡湧現出一種初戀時才會有的雀躍與期待生命的興奮感，而我是多麼享受在祂懷裡的這份喜樂充盈感。

# 獨立與依賴的雙人舞

我曾經對自己的父母有著相當強烈的愛恨交織情緒，那些童年，以及與爸媽生活所帶來的痛苦如陰影般，讓我從很年輕時就離家，愈離愈遠，愈離愈遠，一直到定居德國。

我以為自己擺脫那道陰影了，但，我其實還在自己的幻夢裡……

我努力經營著自己的家庭，養育自己的孩子。在孩子出生後，前兩年有好多喜悅，但之後卻開始出現很嚴重的焦慮。

關於一個女人當了媽媽、成為家庭主婦後沒有任何價值的焦慮感，終日侵襲著我。後來，我從瑜伽練習裡找到一些安定自己的力量；後來，我因為喜歡瑜伽而成為了瑜伽老師。

我自認那份焦慮應該消失了，但隨著恩典來到五、六歲，二〇一五年到二〇一六年這兩年，生命又開始發生一連串的心靈地震！

二〇一五年一月，我放下曾經練習三年的靜心，我發現自己再也塞不下任何東西了。我驚訝地發現自己好像有強迫症，做很多事時都給自己一個相當高的標準，尤其在當媽媽、當老婆這兩件事上。最後，竟然連靜心這件事也一樣！

那是一個相當大的瓶頸，但我發現，我除了是媽媽、妻子，還有一個內在的聲音——祂從來沒離開過我，當焦慮再度上身，那個聲音又回來找我了。祂要我繼續自由地成為我自己、完成我自己，那個聲音令我相當害怕，因為要面對真實的自己，而那裡有很多區塊被我自己隱藏得相當好，我從來不想讓先生知道。

小時候常看到爸媽在爭吵，我對自己說，我的婚姻絕對不要跟爸媽一樣！所以我在自己的親密關係裡，學習著不去表達自己真實的感受，我盡力去做一個完美的妻子，盡該有的本分及當媽媽的責任。

二〇一五年的二月，那個真實的我清醒過來後，讓我看見，再不真實表達，繼續壓抑自己，我會生更多病！

我的身體裡有很大很大的憤怒，我想到：這個家裡怎麼只有先生和兒子可以生氣？他們情緒不好時，我通常是最冷靜的那個人，總對自己說：我是一個有靈修的人，不能跟他們一樣。但我其實比他們倆都更可憐，那些我沒有表達的情緒以及沒被接納的感受，全被我壓回身體裡，所以我常覺得身體很多地方很緊繃，我想，被我壓抑進身體的憤怒應該到了一個臨界點。

感謝上天讓我在一個瑜伽工作坊裡結識一位新朋友——J，第一回跟她聊天，我們倆都覺得彼此好像相識十多年的好友，一打開話匣子就停不住。

J跟我分享她的人生故事，她曾是一個佛教徒，持續學佛法與禪坐二十多年，結果竟然在四十歲時得了癌症——在左肩，她很震驚，她有在學佛啊！怎麼可能會發生這種事？

在醫院做化療的兩個月期間，某天先生將她喜愛的畫具及以前的畫冊帶來給她，當她翻開十多年來累積的畫冊，她突然明白為什麼自己會生病了。

「家羽，妳知道嗎？我的畫都是我內心對自我的批判與暴力譴責，我的自畫像全是黑色的怪物，打來打去的。」自殘的畫像，以及母親帶給她的疼痛故事……

她說，她修行修錯了，她用那一套東西來管束自己、妝點自己，來看她那個不完美的先生，但她根本不愛自己，她一直攜帶著從小媽媽傳遞給她的訊息——她不夠好，她怎麼那麼差勁。

有了這個「看見」，她清楚知道不能再去怪媽媽了，要放下，回來改寫自己的人生劇本。她丟下所有修行的書，回到生活裡，接納自己的每一個面向，愛自己的好與不好，沒有分別。

她對我說，那些不喜歡自己的念頭還是會出現，但她不會再丟刀劍射自己。在每一回情緒出現或自我批評時，她都對自己的內心說：「J，妳可以生氣，可以有情緒的，不要怕！我跟妳在一起，妳沒有錯，也沒有不好！妳只是有了這些感受！」

藉由對自我的接納，不再無意識地自我譴責後，那場病反而救了她的人生，從那年至今，她已經五十六歲了，十六年來，癌症都沒有再復發。

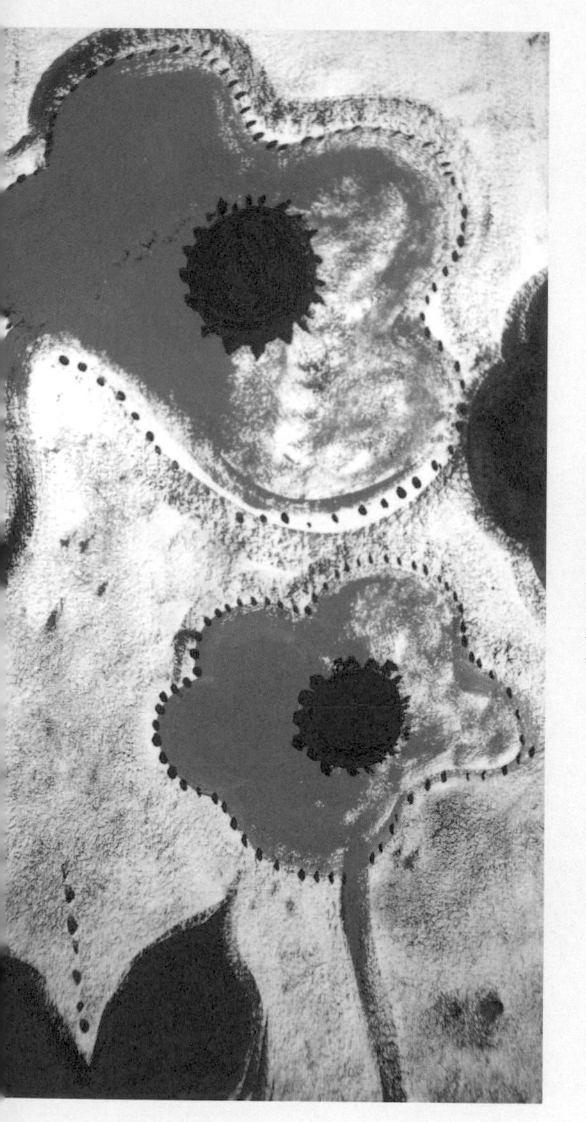

她說，懂得愛自己與尊重自己的人，自己就可以療癒自己，因為「愛」是神賜給我們最神奇的天藥！

跟J的交談鼓舞了我，她的故事讓我反覆思索好幾夜，我決定放自己一個假，讓身心好好休息。

我選了一個週末的早餐時間向先生坦白，說我在這段關係裡其實相當壓抑自己，每一回他脾氣不好，我就相當害怕，因為他讓我想起我爸爸。我對他說，其實我和他在教養恩典的想法上有某些不同，但為了不想發生衝突——如我爸媽那樣，所以我都以他的意見為意見。

我對他說，其實每一回他和恩典可以自由地發洩情緒時，我都在內心鞭打自己，我要自己當一個完美、沒有脾氣的好人，但是其實我壓抑得很深，我很苦，沒有辦法再演下去了，繼續壓抑下去，有一天我們就會決裂。我對他說，我好累，我真的需要一段時間好好休息，我準備去參加一個九天的斷食營，這九天就讓我重新當回我自己吧！

老實說，要對先生說出自己內心的真實感受，讓我相當害怕，我好像一下子退化為童年的我，那個面對上位者、權威者，寸手無鐵地發著抖躲起來不讓人看見的小女孩。

實在是心裡太痛苦了！

我對自己說，我要改變我的人生，是「現在」，沒有「如果」。我已經決定要愛自己，這是最重要的，我要支持我自己。

我對先生的表達，其實經過很多內心轉折，所以我並不是帶著憤怒去攻擊對方，我不是在抱怨他。就是因為愛他，所以我必須誠實做回我自己，我不只是一個老婆和媽媽，我還有一個自己，渴望去完成這一生來到地球想實踐的夢想，我想活出我自己！

我的真實告白，讓先生很震驚，他從沒想過我有這些想法，他都以為我很好，因為我那麼平靜。但在很短的時間內，他必須調整老婆要離家九天去休息，我還安排了最好的朋友接送恩典，所以我知道，先生即使不開心，也只能接受。

那一個跨出，改變了我，重新認知親密關係裡的本質是什麼，在那九天，兒子和先生其實過得相當快樂——即使沒有我，他們倆反而擁有另一種單單屬於父子的親密感。

我在那九天裡，也很深刻地感受到先生對家的承擔與付出，我看到他跟我一樣——都需要休息，他是我的另一個我，他不只是爸爸和先生，他也被允許去做他自己，只不過他還無法看見這一層。想到他這些年的付出，我很感恩，他是那麼盡心盡力，但我們都入戲太深，忘了當初進入婚姻時，我們都許下要互相鼓勵對方繼續活出自己，為對方加油打氣的承諾！

我決定偷偷幫先生報名九天斷食營，付了一半的費用，準備送給他當生日禮物，在我允許自己充分休息後，我也真心願意讓先生體會這份自由。唯有如此，我們才會擁有更新的力量，回來愛我們的家人。

先生在得知我送給他九天斷食營，可以不當老公與爸爸的時候，顯得相當開心；原來當老婆踏上成為自己的旅途後，並不會迷失，而是會愈來愈有光彩與美麗——他說，他撿到一個新老婆。

九天的斷食營裡，他的收穫比我還多，對我說：「以後我們一定要不定期離家去自我放空，真是太棒了！」

就這樣，我們的關係跨近了一大步。這兩年，我不斷在關係裡持續對先生說內心的感受，發現到每一回當我打開我的心，他就更打開他自己。我終於有機會聽到他跟我分享童年的點滴，終於，不需要我再問，他就會主動跟我分享他工作上的歡樂、開心、壓力與挑戰，我們可以更開心地聊我們都很喜歡的電影、音樂、環保、政治、教育議題……

卸下那個完美老婆和媽媽的包袱後，我練習著不再硬逼自己，如果很累，不行了，就對先生和兒子說，我需要休息，不能煮飯，我需要到房間睡覺，或者去跑步什麼的。

我們一家是團體，但每一個人也是單獨的個體，可以依賴，也可以獨立。

以前煮了飯後，總覺得先生和孩子要好好吃完，現在我發現，煮與不煮、吃與不吃，都不是重點，重點是——每一天都是新的一天，每一天都可以有更多流動與變化。有快樂的心，自然會有開心的晚餐。

先生也一樣，他更能在家放鬆了，當真的很累時，他就不需要扮演超人的角色；回家時若累了，就好好休息、睡覺，我和兒子自己吃飯、玩耍。

在這一段關係裡，我曾有很多年不允許自己放鬆，不允許自己脆弱與不成功，對自己很小氣，不敢對自己太好，但當我允許自己對自己更好後，我開始注意到，原來我是如此苛責自己，覺得一個女人當了媽媽和老婆後就是要這樣犧牲。那個自我對話程式修改了之後，我更能夠自得其樂地欣賞自己，跟好友去餐廳吃飯，幫自己買一些真心想看的書和衣服，好好享受自己是一個美麗健康的女性。有了愛自己的練習，偶而當先生買了些東西卻有罪惡感時，我會對他說：「這是你工作賺的錢，你值得對自己好，真的，不要想太多，我不要你當一個完美但不快樂的先生，如果你工作太累，想翹班或要辭職，記得，老婆我會全力支持，我們一家一定會有更好的出路與新契機！」

人生很奇妙，當我們真實說出自己的感受時，也許要冒點風險，但當跨出那一步後，我卻發現事情的後續發展都帶著很大的恩典與祝福。我發現，當我愈是將自己的身心靈照顧好，日子就過得愈快樂平安，我的先生與孩子似乎都不需要我太用力或操心，在他們的生活裡各就其位，如魚得水般，自在得很呢！

很多恐懼和害怕都是頭腦自己想的。更真實地活出自己，其實跟當媽媽與老婆沒有衝突，真的可以兩全其美都兼顧到，除了需要將勇敢與智慧化成家庭生活裡的燃料，誠實面對自己，也是靈魂生命給我們的覺醒敲叩。

生命要我們繼續去冒險，不要被那些恐懼的迷霧給騙了，在我行向更真實的生命旅程時，慢慢又回到那一條與神同行的生活，我將自己的生命再度獻給神，我將擔憂和害怕卸給祂，我相信神之恩典充足地供給我，每一天的生活，每一個處境，我因著信，再度遇見生命裡原本就完美如神性的自己，那個如孩子天真信任著生命的自己！

# 神性與習性

五歲到六歲這個階段，我的小寶貝真的長大了，他喜歡更獨立地去完成一些事，我也因為不想當一個愛嘮叨的老媽，開始學習放手，我不再幫他整理及清潔房間，很清楚地對他說：

「媽媽不會再幫你弄這麼多東西，獨立雖然自由，同時也代表著參與和付出，我們都是家裡的一份子。我知道你最討厭整理房間——哈！媽媽這一點也跟你很像，我曾經很討厭整理自己的衣櫃，但沒關係，我們兩個半斤八兩！我陪你一起練習！我相信你可以一回回地練習，將自己的房間整理好，媽媽也有自己的事業與夢想要完成，這些都需要自由的時間，所以當你對媽媽說，你這個要自己弄，那些要自己嘗試，我覺得那好棒，因為當你愈獨立，就會愈有自信，而你愈獨立時，媽媽也會有更多時間可以完成夢想！」

對於一個六歲小孩，我曾想過：跟他說這些，他會懂嗎？可是當我真心跟他說這些話時，他真的都聽進去了。

雖說因為習性，每一回他還是邊整理邊生氣，但是我總是對自己說：「可以的啦！我自己在面對某個自己死也不肯改的習性時，不也花上一大把一大把的生命時光，前進又後退，來回將自己折騰相當久？」

我是真心希望將力量給兒子！就算會讓他在這裡吃一些苦，也不要再因為溺愛而幫他做完，然後自己怨得半死。下定了這個決心，我的心就不太會被他清裡房間時的叨唸影響太多。有趣的是，每一次他整理好，都會相當高興地邀請我去參觀他的房間！

他滿六歲了，心情不好時就會將房間門關上，然後掛上那個我們不能隨便進入的牌子，表示爸爸媽媽都不能隨便進去哦！我和先生看到了，都會摸摸鼻子轉身離開。

我們雖會管教兒子，但我們更希望能透過他來學習覺察自己。我承認，自己是那種早起時需要較久的時間才能消起床氣的人，一大早看到他慢吞吞的動作時，難免會發火。火都發了，若我有覺察到，一定會向兒子道歉，對他說這不是他的錯，讓媽媽生氣的是自己早上的起床氣，我會注意讓這個部分愈來愈好，當媽媽的，可以進步的空間真大啊！

記得有一回，他在包包裡放進了我們去圖書館借來的影片，要帶去幼稚園，我馬上聯想到他上回帶了一本從圖書館借來的書，後來在幼稚園裡弄丟了，所以我對他說：「你不能帶影片去幼稚園，你一定又會像上回那樣搞丟了。」

然後我們母子開始對立。

但等送他去幼稚園後回家，想起這件事時，心裡真是懊惱不已，因為我前一陣子才對兒子說——媽媽要學習真心信任他！

我又被恐懼包圍，用不信任的口氣與他對話了……那天下午，我接到他後，便向他道歉：「媽媽要向你道歉，早上的事是媽媽的錯，我知道自己不讓你帶影片去幼稚園，是因為我很怕你會像上回那樣將圖書館的書弄丟。但我覺得，我應該要換一種方式跟你說話，我應該對你說，恩典，你可以帶影片去幼稚園，因為媽媽信任你會保管得很好，絕對沒問題的。」他聽我說完，抱著我說：「媽媽沒關係。」

幾天後，當他又說要帶圖書館的書去幼稚園時，我對他說：「沒問題，媽媽信任你，你就帶書去幼稚園看吧！」

我們對孩子的語言，通常就是我們如何跟自己對話，原來我不信任孩子時所說的話，竟是平常我跟自己內心喃喃自語的模式——

那是我不信任自己的部分。

如今覺察到了，就勇敢地選擇完全相反的一條路，來對應那個情景，重新按下另一個關鍵字——

「我信任我的孩子，他可以的！」

「我要信任我自己，我沒問題的！」

我那時更想說，他有沒有把書保管好已經不是重點了，如果弄丟了，我也不會生氣。我選擇送給孩子來自媽媽的信任，若我不要孩子重新過一次我曾經的童年，就必須為自己負起責任，更警覺地去使用我對孩子及自己說的話。

那天下午去接他時，在回家路上，他興高采烈地對我說：「媽媽，妳看，妳真的可以信任我，我將書保管得很好，還跟其他小朋友分享了這本書的故事。」

我將他緊緊摟住，心裡有一種更堅定的聲音對我說，繼續給孩子信任的言語，不要小看言語的力量。你的孩子可以因為你美麗的言語，滋養長成一棵茁壯的大樹；或者你也可以用嫌棄、不信任他的負面言語，逐漸讓他誤認為自己是一個很差勁的無用之人。

關於情緒覺察，我回想起先生有時下了班後真的很累，無意識發了脾氣。

幾年前我會怪先生，被他的脾氣惹毛，在家裡某個角落裡生他的悶氣。後來我發現，找他沒上班的週末，全家在森林漫步、心情正好時，跟他溝通我的心情，效果通常比較好。聊開了他無意識對孩子發脾氣的事後，我們夫妻倆都會輪流提醒彼此。但畢竟我們都不是神，是人，就算是善意的提醒，自我仍然會受傷或不開心，我們的默契是講一遍就夠了，對方要不要改就不去多想——因為那是對方的課題，然後，就繼續回到自己快樂的生活步伐裡。

有一回，先生發了脾氣在恩典身上，那一次我還好，心十分穩定，跟恩典在他的房間裡，靜靜抱著他，讓他將難過全部哭訴出來。我對他說：「媽媽可以瞭解他受傷的感覺，儘管哭沒關係。」

十分鐘後，我跟他聊，其實爸爸很辛苦，每天為一家人外出努力工作，如果沒有爸爸的認真上班，我們就不可能住在這麼棒的公寓。

「嘿！你覺得爸爸是不是今天被老闆罵了，所以心情才這麼差啊？」

當我跟恩典聊到爸爸的這些部分時，我想都沒想到，這小子竟然對我說：「媽媽，我想去向爸爸道歉。」

他在那一刻完全忘了之前的傷心難過，跑去向爸爸說抱歉，還抱著爸爸說：「爸爸，我愛你！」

先生有點訝異，也急忙向恩典道歉，說他自己剛剛情緒過度，是他的不對。看到他們倆抱住彼此的那一刻，我心裡真的很感動。

對自我情緒模式的覺察練習，讓我在親子生活裡，有能力給孩子更多透過正面言語傳遞的力量，也將那一份愛拿來愛自己與接納自己。

然後，我慢慢的發現——啊！原來先生也是小孩啊！我也需要將對恩典的那份耐心與理解用來愛先生。

就這樣，我想都沒想到，我在親子關係裡逐漸明白，孩子和先生都是大師，讓我學習照見自己的神性與習性。

透過自我覺察，一個知見的信念改變，會如漣漪效應影響到整個家庭生活。

我親身體會及感受到，每一回當我願意放掉舊有恐懼信念與話語後，那一層層讓人我之間痛苦的迷霧就會自然散去，取而代之的，是更豐盈的平安、幸福感，流轉在我們三個人之間。

八年的親密關係，六年的親子關係，引領我走上一條全新看待自己和生命的旅程，我們每個大人的心裡，都住了一個小小孩，那個內在小孩只有五歲，所以先生與我即使是四十多歲的人，裡頭都還是小孩啦！

我們倆的內在小孩，都有傷痛或不愛自己的部分，只要看到這個部分，我就會對先生有更大的包容心，瞭解到一個男人在外要工作努力，又不像女人會去找姊妹淘抒發情緒，很自然的，當壓力到了一個臨界點，最親近的人就最容易接到這顆爆彈……

老實說！要改變別人實在很難，但如果我們是大人，確實有責任要更覺察自己的心思及意念。

我們不可能扮演超級完美的爸媽，但如果在某些情況下亂發了脾氣，也無需在心裡懊悔及責備自己，趕快向孩子或伴侶道個歉。一個真心的道歉，讓我們都能很快就放下內心的糾結，孩子更是切換自如，比我們更沒掛礙。就這樣，我對先生說，為了讓我們都更愛彼此，我們同心在家，實踐著對彼此不間斷地說：

謝謝你！我愛你！對不起！請原諒我！

# 有一種人生叫漸漸

人生對我來說，叫「漸漸」。

八年前認識他時，他心裡住了一個不想長大、不想負責的小男孩。

八年前的我，心裡還是一個大女人，不想依賴男人，想要在關係裡掌握一切。

遇見他之前的三段關係，學習到的同樣課題是，我總將男生當成兒子，百般照顧，百般呵護，百般付出……結果都一樣。

跟M分手時，他說，我對他太好，讓他壓力太大；他說，男人無法珍惜一個將他照顧得像小孩的女人。

那一次的痛，刺進我的靈魂骨裡。

回到臺灣後，有兩年的時間，我一個人靜靜療傷，M在兩年後跟另一個女生結了婚。那兩年，我常去爬山，在爬山的過程裡靜靜地懂了自己的痛處。過往，我總在關係裡急著給對方的愛與照顧，不過是我渴望對方以那樣的方式給我的愛，而我需要那種方式，也可能是在尋求生命裡很深層的需求，也就是父母曾無法給我的關注與照料。

漸漸地，我也瞭解了，男人渴望照顧他的女人——那是一種基因與本能，雄性要外出去狩獵，將食物帶回家給妻小生活，至今，男人的原始基因裡的那份動能仍在，而新一代的女性，因為時代的變動而擁有了前所未有的自主性，可以掌握事業與人生的成功方向。

但女人的陽性發展，卻是身心的一個面向而已。渴望被自己所愛的男人呵護與給予充滿愛的支持，一樣深埋在女人的身心裡，沒有改變……。一場場愛戀的練習，讓我懂了一點點自己身心裡陽與陰的狀況。漸漸地，我知道，當我收起陽性面能量，不再給男人像對兒子般的照顧與呵護時，小男人將有機會變成一個大男人，我在收起強勢與控制權時，一開始很不習慣，心裡抱怨連連，但我卻意識到，同樣的功課我學得不夠慘痛嗎？

我漸漸收起自己的張牙舞爪，讓男人自己做決定，讓先生為這個家努力與奮鬥，有好幾年，當他工作不順，處在一切都低潮時，當時的我因為已經決心不再為身邊的男人下任何決定，所以只對他說，我相信他，會一直支持他所有的決定。

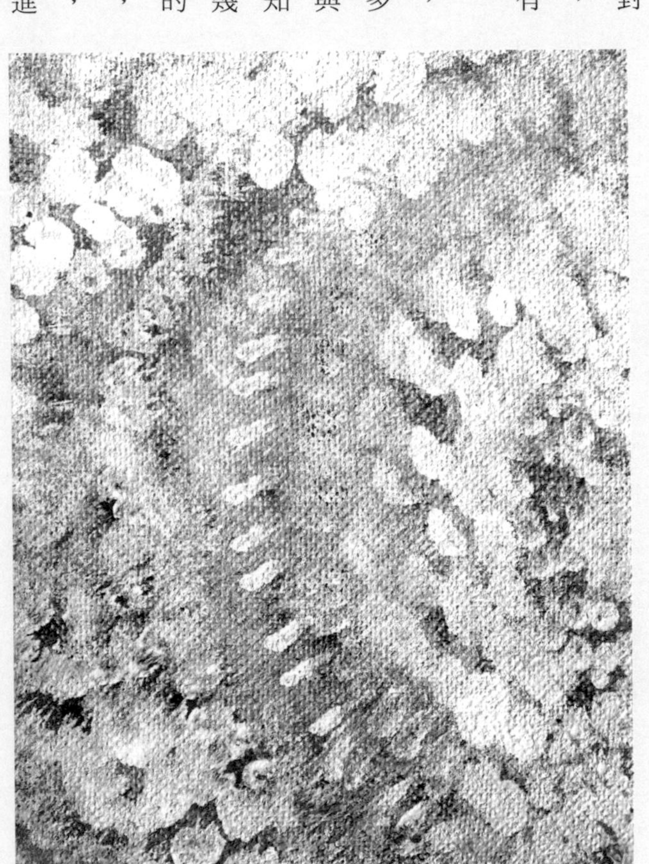

自那時候起，我開始放下更多對男人的要求與期待，心裡直覺知道，他需要好幾年，才能在自己的工作上開花結果，而那個開花結果，也象徵著小男孩進

入大男人的陽性正面開展。而我，也需要幾年時間來讓自己的女性能量開花結果，那個開花結果，也象徵著大女人進入小女人，自在享受男人給女人的呵護。

小男人變成大男人，大女人變成小女人，花了八年時間學習，漸漸地真的開花結果。有了自己的孩子，讓兩個人的陰陽親密之旅更上一層樓。透過孩子的誕生與成長，透過養育孩子過程裡的付出與豐富的愛，我又發現了——大男人下班後，跟兒子玩耍遊戲的成長拼圖裡，大男人心中的小男孩又復活了，但這一回的小男孩，不是那個不願長大的小男孩，而是一個閃亮勇敢的小英雄般，為自己的生命出征，為自己和兒子的生命狂舞著；小女人在當母親之後，穿梭在育兒與自我成長探索間，小女人心中的大女人也復活了，但這一回的大女人，不是那個想要無限付出及控制生活的掌門人。

大女人在這八年的漸漸學習裡，放下了手裡的刺矛，取回了過往一直放在別人身上的力量，花了很多年的時間，走了一段又一段穿越幽暗深谷的邊境，現在的大女人，懂得先將自己照顧好，盡情做自己最喜樂的事，自然也較懂得與先生、兒子相處時的平衡之道，不多也不少，不膩也足夠的關懷。

「漸漸」是我生活裡的良友益師，如果我沒有給自己足夠的時間去體會，去走過，漸漸地，我可能一輩子都會與它擦身而過；如果不是我願意給自己那麼多靜靜的漸漸與那麼多時間的慢慢，不去跟隨外在世界的盲目追尋，我知道我和小男孩都無法來到這裡——漸漸欣賞著彼此，漸漸愈來愈能鼓舞著彼此，漸漸愈來愈感激著彼此。

漸漸，原來是一個叫做美麗的心境界。

# 相信你值得

相信你是值得的，你就是愛的本身，不需要焦慮地去成為一個特別的人，然後才來相信自己值得擁有愛。

相信你是值得的，你就是值得自己的愛與掌聲，不需要辛苦地飛上天，成為眾人想仰望的星星，然後才相信自己夠棒。

相信你是值得的，你就是愛的完整與圓滿，不需要努力去扮演著討好別人的角色，然後相信別人會給我們真愛。

相信你是值得的，值得你自己愛自己、尊重自己、疼惜自己，因為你會是自己這一生裡最最親密的靈魂伴侶；相信你是值得的，你手上那一把打開自我療癒的祕密鑰匙，隨時等著你拿起，也等著你放下自己所創造並投射出的種種幻象。

相信你是值得的，知道你的靈魂在此刻、在每一刻、在生生世世裡，都沒遺忘你。祂等候你，祂沒有一刻不在你身旁，你落淚時，祂的翅膀給你勇氣。

我的靈魂知己是我自己，是我真愛的天父，我與祂們一塊飛越二元對立，來到一處超覺心綠地。我隱隱知道我走在自己的道途上，也慢慢瞭解，我這一個喜愛漂泊流浪的自由靈魂，那麼喜歡離開、那麼愛漂泊，完全是因為我無時無刻不在找一條回家的路。離開，回歸，再離開，再回歸……不曉得投生這個地球多少回了，此刻，靈魂對我說，我來這裡不是為別人的愛與和平做努力。

我來，是為了學會真正愛我自己，接受我自己所有的好與不好。

我來，是為了療癒那些累生累世裡，我為自己設計好的生命課題。

# 我是一個真實的女人

我是一個真實的女人，我不會是社會主流價值裡那個被賦予各式期待和想像的女人。

我是一個完整的女人，我有男人的勇敢冒險犯難，還有女性的敏感、細膩與感性。

我是一個真正的女人，我有男性的果斷爆發力，還有女性對愛的柔情似水。

我是一個真正的女人，我有宇宙父親的引領相隨，還有地球母親的守護灌溉，我接受了這一份最值得驕傲的生命禮物。

# 來自宇宙的親愛小孩

看看我的孩子，他所散發的自信，對他人沒有分別心，對萬事萬物那麼多信任，那其實是我們每一個人原來的樣子。

恩典來到我身邊，透過他生命的展現來提醒我，原來純淨的我也像他那樣。

那個聲音對我說，放下照顧孩子的焦慮。因為這個孩子來自宇宙，他是宇宙的親愛小孩，你要相信整個宇宙的愛之流、神，都一直照顧著他。

（感知到這個訊息時，有好多的愛、好多的淚水一直湧現，無法停止。）

那聲音繼續說，要相信那個無形愛的至上力量，會一直看顧著我的孩子，當我將所有責任攬在自己身上，覺得壓力很大，那是因為我只將自己和孩子的關係，限定在母親與孩子之間，但對我們彼此來說，那遠遠超越了母親教養孩子的關係。

更多時候，是我的孩子來教導我，甚至向我示現著什麼是對生命的天真與信任，以及如何無懼地活出真實的自我。

每一天帶恩典出門，看著他跟人、跟環境的互動，我看到孩子的心與眼沒有好和壞，一大早在大街上負責掃地的清潔工人，跟打著領帶去上班的人是一樣的，他看到每一個人，都一視同仁的熱情問好。

他可以在完全沒有分別心之下，去跟他人連結，大方展現他的友誼。

被我們認為是生病不健康的人，在恩典的世界反而是特別的人。有好多回，他看到行動不便、拿著拐杖的老爺爺或老奶奶，都非常興奮跑過去跟他們打交道，還跟對方要來拐杖學他們走路，老爺爺、老奶奶總被他的模樣逗得哈哈大笑。

在那又冷又長的德國冬天裡，總是沒有陽光相伴，但恩典卻像冬日的大太陽，即使已經連續兩個多星期都沒有太陽，下雪又下雨，天天是陰天，但我的孩子卻沒有被氣候影響。

他飽足的向陽力，像個快樂發電機，隨著他的移動與風向，將陽光歡笑帶給周圍的每一個人。

透過恩典，我覺知到，我們在神的面前，都是一樣被祂平等的愛著。神的眼裡不會看到我們的殘疾，祂只看到我們那神聖完美的一面。

內在的聲音繼續對我說，要愛我的孩子，首先要相信自己與孩子都無時無刻被宇宙的愛深深看顧著。另外，我也瞭解，不要給自己那麼大的壓力，除了媽媽角色外，要允許自己去經歷，那些內在渴望與指引要我去體驗的自我成長與學習，那些可能是新學習或新工作的創意開展。當我因為工作無法跟孩子在一起的片刻，如恩典在幼稚園，我在帶課或寫作時，只要想到恩典，都可以常常將光與祝福送給孩子，那光的連結，是愛，自然將我們心與心牽在一塊。

家庭與自我之間，刻意只偏向哪一邊都不好，重點是看看這兩端是不是平衡，它們或許會有輕重緩急之分，在不同階段都可以隨著最好的需求重新分配一下比例，調整什麼是需要多花時間、什麼可以少一些。

另外，關於所選擇的生活方式，它讓我心裡有平安的感覺嗎？

我們與伴侶或孩子的關係很重要，但都比不上自己與自己的關係。每一天保留足夠的時間讓自己與神性源頭靜默冥想很重要，除了時時淨化身心靈，也可以透過神性連結獲得更多清晰的智慧洞見，那些洞見指引可以為我們省下很多慌亂的摸索。

花時間靜心，將靜心的力量當成是一份最棒的禮物送給你的家人，那靜心的力量會成為支持你的家族變得更穩健與和諧喜樂的同心圓。那靜心的力量，會擴散到你所處的國度與這個地球，靜心是我們可以為自己、別人與地球給出的最美麗、最具光輝的奉獻。

另外，真正的愛，不見得是要每一分每一秒都在一塊兒，而是有意識地給彼此某些間距或小隔離，各自去經歷彼此的前進與新學習或成長，當雙方都願意成就對方，小分離後的再度聚合，會有一種更新的愛在彼此間流動，就像春天的新生，為我們和他人帶來新氣氣、帶來關係裡的新生綠芽。

# 現在不玩，什麼時候要玩？

因為有你，我又可以再玩一次。

因為有你，讓我知道童年只有一回。

每一個當下，都可以因為心與你同在而美好，我們不需要大夢想，但我和你喜歡一起進行小冒險。

你是我內在天使與魔鬼的化身——

你變壞、叛逆不已時，我頭上長了兩根怒角；你窩在我懷裡，快要睡著的那一刻，媽媽好像聽見肩上那對發光的翅膀微微張開了。

現在不玩，那什麼時候要玩？

好啦！不管你是天使，還是魔鬼，媽媽都會心甘情願陪你一路繼續玩下去！

# 小小孩談生死

1

公公在二〇一五年因病過世，我們都跟恩典說，公公現在住在天堂。

有一天，恩典對我說：「媽媽，妳知道嗎？爺爺現在不用再怕打雷了！他住在跟雷公一樣高的地方。」

公公剛過世的那一陣子，我很傷心。

有一天我在房間，恩典拿著他的畫本在我的電腦桌上畫畫，我一個人坐在床上哭。

他突然看著我說：「媽媽，妳知道我為什麼在這裡嗎？」

「為什麼呢？」

他說：「媽媽，我可以瞭解妳很難過，其實我也很想爺爺，但我沒有想哭的感覺。但是我在這裡畫畫，陪妳，希望妳會好一點。」

二〇一五年，是第一個沒有公公的聖誕節，有一天，我帶恩典去幼稚園，在路上我對恩典說：「好可惜哦！爺爺今年不能跟我們一塊兒過聖誕節。」

這小子對我說：「媽媽，妳不要太擔心，我跟妳說，爺爺在上面也很忙的！搞不好他的聖誕節跟我們一樣忙，要做蛋糕，還有很多朋友去拜訪他，妳不要想太多啦！」

4

有一天，我在房裡整理衣服，恩典在廚房跟爸爸聊天，突然，他跑了進來，問我說：

「媽媽，妳爸爸過世了，對不對？」

我說：「對啊！怎麼了？」

結果，他竟「哇！」的一聲大哭起來：「我好難過、好難過，妳沒有爸爸了。我好愛自己的爸爸，我覺得沒有爸爸是一件很痛苦的事……」

孩子真的跟爸媽有心電感應，很多很多時候，我們說不出的悲傷與痛苦，孩子會直接表達出來。

恩典兩歲時的某一天，我好想念爸爸，一直哭，一直哭，而那個小小孩竟然像天使一樣，拿了面紙來擦媽媽的淚滴。我抱著他一直哭，我想他承受了我的難過及悲傷能量，那天晚上，他發了高燒。

有幾回，當我心裡難過時，那一天恩典就會莫名的哭泣。

前幾個星期，陪伴婆婆的老貓咪走了，我和先生知道了，當然很難過，但沒有真正表達出來。後來，坐在車子裡要前往婆婆家的恩典，前一秒還很開心，下一秒馬上傷心大哭起來，爸爸一邊握方向盤，一邊握緊他的手，問他：「是因為老貓咪嗎？」

恩典點點頭，繼續哭……

那一天，我跟好友A帶著兩個小小孩去看兒童劇。

恩典問Mattis：「如果你爸爸有一天死了，你會很難過，對嗎？」

Mattis聽了說：「不會啊！我媽媽再找另一個男人嫁就好了啊！」

然後，我們兩個媽媽笑到肚子好痛、好痛。

# 圓滿與殘缺

嘿！你害怕的傷心是什麼？你手裡緊握的拳頭裡有什麼？你不可能躲開我一輩子，跳離這場生命的共融。

或許你可以假裝忘了我的存在，可是你和我一樣帶有陰極的敏感原，那清楚的顯現出我們倆是生命共同體，我是你的一部分，你也在我體內跳動著，這一回，我希望邀請你進入我的幽暗傷心谷。

來聽聽我們之間共融的傷心樂章，不要害怕你的傷心難過，不要擔心你抖落的傷痕，不要錯過每一回劇痛後的沉靜，不要遺落了那個傷感源頭要送給你的祝福祈禱。

孩子！跟你的痛在一起，真真切切的去感受因為愛而帶給你的痛苦傷悲。

痛痛徹徹的大哭一場吧！我會在你天秤的這一端為你增添愛的羽翼，我為那些為愛勇敢、為情落淚的靈魂們捎來新的訊息。

不要害怕黑暗，不要害怕恐懼，但要在茫茫人海中記住你是光，也認出跟你一樣會發光的光子們。

容許黑暗存在，就像允許自己自在地成為光一樣，隨時準備好，以光來進入黑暗、融入黑暗，與它共舞，與它擁抱。

不要逃避你自己的黑暗，記得在黑暗的翅膀下，你光亮的翅膀依舊傳送來你最需要的靈魂心藥。

不要以為你就快要成為黑暗了，且記得那黑暗是你旅程裡的友伴，一路殷勤地提醒著你，你身為光亮的純粹與珍貴。

生命的美，不過是你在痛徹心扉時，明白了——萬事萬物裡的圓滿與殘缺，其實都是同樣的美！

它們擁有一樣的深度與光輝，假若你的生命體會到這一刻，那麼真理的喜樂才可能降臨而來！

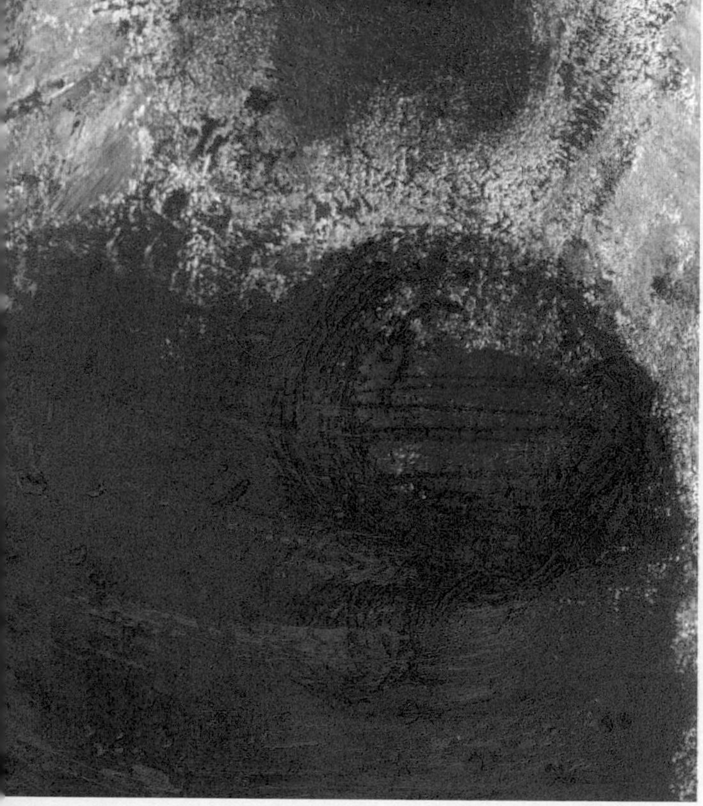

# 順流的豐盛

好友M對我說，我會豐盛。

我想那個豐盛，除了是金錢之流會照顧我之外，還有我們心裡對領受到恩寵平安的感覺，被宇宙無盡的愛照顧著的感覺。

當我們被無知與焦慮所蒙蔽時，是看不見豐盛的真正意義的。

對我來說，能夠跟家人坐下來好好吃一頓飯，互相溫暖關懷，那就是豐盛。

對我來說，每天能夠有從容自在的時間做自己想做的事，那就是豐盛。

對我來說，每天夜裡、早起看到先生與孩子歡喜、健康，那是好大的豐盛。

對我來說，每天走出家門，看到生活環境裡有那麼多花朵、老樹、鳥兒、風兒……，與我們一塊兒生活，互相支持著彼此，那是豐盛。

豐盛是愛、是平安，是對生命更大意識之覺知的打開，感知著生活裡每一天流經過我們的點滴；豐盛意謂著，很多時候當我們放下拚命想要完成的一百多件目標，開始分辨什麼是焦慮、恐懼要我做的，而什麼是平安之心要我去順流而行的。

我們願不願意放手，讓自己內在的感動直覺帶領我們的生活？

順流的直覺，常帶著我只做我喜歡的，但不要設定目標與結果；順流要我享受做每一件事當下的品質、生活的品質；順流要我不要將目標設定在先，但允許自己去做真心想做的、那些會讓我平安喜樂的事。

豐盛也是一種自我覺察的反覆練習曲：在我們又被恐懼占據的當下，有沒有能力再度跳脫習性之輪，好好跟那些感受共處？

跟它說聲哈囉，謝謝它又當我的生命小幫手，提醒我關於真實生活的祕密。然後持續覺察練習，將自己再帶回到愛及初心裡行動。

順流的直覺，常帶著我去做有熱情的生活展現，邀請我以行動實際去體驗它，卻要我不要將所有力氣專注在結果上——走一步算一步，行出一步，自然就會來到下一步。直覺必須結合行動，它會完美地讓我們感受到內心力量如玫瑰般層層自由開展。

順流要我享受做每一件事時當下的品質，如果觸動了不好的感覺，它要我不要多管閒事，而要學習不要改變那情境。將它當成你自己那個無理取鬧的孩子，當它發作時，不是責罵與糾正，而只要溫柔地等待、看著，甚至如果可以，給出一個溫暖的擁抱，你會發現，那個愛鬧的孩子慢慢安靜了。

我們受傷的種種情緒就如孩子，需要我們不批判地深愛著自己。

只要過好每一天、每一刻，生命就會開始輕盈起來，而漸漸活在順流的豐盛裡。它將成為一種自然而然的生活方式，豐盛不在遠方，也不在未來與過去，當我們放下那些需要他人或外界掌聲與認同的焦慮，就會重新遇見真實的自己。

豐盛之流，一直都在我們體內，也被藏在每一刻的生活細節裡。

你發現了嗎？

# 呼喚再呼喚

你永遠不會知道，下一個意外的降臨，會不會變成你生命裡的神話；意外來臨時，請別轉過身去，因為你失之交臂的可能是你自己！

選擇了你，不是沒有原因，因為你還有夢，還有天真，還有傻子的勇氣，還能盡情地感動落淚。

去經驗它，極盡所能的被它淹沒，我不容許你回頭、遲疑，機會只來一次。

信任我，大膽地信任我，並用你百分之百的澎湃熱情迎向我，但首先，且讓我打開你的手心——物質、機制、工作、娛樂，那些你習以為常的生活方程式，我會一一帶走。

從現在起，且不要讓熟悉、知識、噪音、虛假、舒適、便捷占有你，消失吧！在意外降臨之後，離開這座摩登城市！

沒有名字，沒有行蹤，沒有交代……只讓我帶著你學會去飛、去獨行，去跟冒險為伴，去跟險境共處，學會與一棵樹說話，學會向宇宙自然頂禮，大口呼吸大聲笑，在狂野裡漫步，在孤舟上仰望星空，學會唱你聽不懂的歌，說你聽不懂的語言，學會尊重自己獨一無二的美，讚美與你不同的美，學會在靈魂裡祈禱，獨飲聖潔的孤寂，學會只看自己不看別人，深愛自己也感謝那些傷害你的人，學會在宇宙的屋頂上，大聲的對生命說——

Yes! Yes! I am love.

Universe I am here!

感謝

# 拾光漣漪，感謝有你

六年前，育兒生命章節起程，一路上，我好幾度深陷在焦慮與慌亂的生命狀態裡；六年後的我，仍與孩子並肩前行著，只不過這次回歸了愛，與神再度相遇。再一次踏上育兒旅程時，生命風景開始被點滴的奇蹟注滿，家庭生活常是和諧喜樂，我那感受生命的眼與心，猶如一隻飛舞在繽紛花園裡的蝴蝶，輕盈自在地悠遊著。

擁有了神的平安，所以得以在這紛亂吵雜的世界裡，保有一處安寧的心靈密室，那間密室給了我心靈自由，讓我忠於內心的真實，安安靜靜的寫、緩緩慢慢的記錄著！我大膽忘掉了時間表與計劃表，允許那文字靈感與美妙生命滋味沖刷我、洗滌我。

對於我這樣一隻慢活烏龜媽，要謝謝柿子出版社的林總編輯、高煜婷主編及全體工作團隊，願意等待我三年多之久，給我充分的時間與自由來完成這一本書。謝謝我在德國的媽媽朋友群——Antja、Simone、Petra、Eva、Briget——的相挺，謝謝她們願意讓我使用寶貝們的可愛圖像。

謝謝與我相識超過十八年的兩位老友——慧心姊與輔軍——花時間讀我的書，為此書作序，謝謝他們在我生命的不同階段陪伴我，不間斷地鼓舞著我。還要特別謝謝陳嘉珍老師、張世傑老師，他們兩位願意在還不深識我之前，透過數月的書信往來，回報給我一篇篇真摯懇切的推薦文。

謝謝我的生活實修姊妹們——Christa、Yvonne、Steffi、Sandra、Melanie、Mino、Linda、Salina、Kevyangel。謝謝上天讓我在修行道路上，賜給我個人覺醒的力量及勇氣，更

謝謝祂為我預備了這樣的一個姊妹兵團，在我生命的低潮幽谷裡真心地勉勵著我，溫暖地守護著我，我真心感謝這樣相濡以沫的情誼。

謝謝我生命裡兩個已在天界的父親——我的爸爸與公公，謝謝他們的一生，曾經那麼無私地為我付出，雖然他們都無法再照顧我了，但我相信他們在天的那一方，看到我和先生、恩典一家快樂和諧地生活在地球上，我知道那就是我可以回報給他們的最真實的愛。

謝謝我生命裡的兩個母親——媽媽與婆婆，謝謝她們如一面生命的鏡子，讓我照見內心世界的真我。謝謝媽媽與婆婆，在面對爸爸與公公過世期間、在生命最脆弱的坍崩處，為我示現了黑暗裡仍舊閃耀的點滴幽默感，以及強大的生命韌性。謝謝她們倆在那樣的艱難時刻裡，無懼地穩穩站在孩子身旁，繼續挺住一個家的延續與發光。

謝謝我在臺灣的妹妹們與弟弟，謝謝他們給我幸福的成全，讓我在異鄉的生活，可以無後顧之憂地經營著自己的家庭生活與夢想開展。

謝謝我在德國最要好的朋友——我的先生大樹。謝謝他是一個如此用心的爸爸，為恩典無盡地付出愛與耐心陪伴，謝謝他如摯友一般聆聽著我、陪伴著我，謝謝上天賜給我一個可以共同修行、共同經營家庭生活，與一起完成夢想實踐的親密伙伴。

謝謝我的寶貝兒子恩典，謝謝他願意來到地球成為我的孩子，我曾經只是一個愛飄泊的旅人，但因為他的誕生，我那一顆如浮萍的心，慢慢生了根、落了地，我漸漸在「家」裡找到自己安身立命的根。因為他，我得以邁向覺醒；因為他，我尋回了那一份深藏在我心深處，來自神性本源裡最純淨的愛與平安。

我衷心祝福與這本書相遇的每一個人，都能尋回這一份無價美好的至福恩典。

Seeker

Seeker